Tout ce qu'il ne faut pas dire

Bertrand Soubelet

Tout ce qu'il ne faut pas dire

PLON
www.plon.fr

12, avenue d'Italie
75013 Paris
Tél. : 01 44 16 09 00
Fax : 01 44 16 09 01
www.plon.fr

ISBN : 978-2-259-24909-6

L'amour et la présence de Martine, mon épouse,
de mes enfants, Elorri, Paul et Amaia,
et de toute ma famille ont été le moteur de ma vie
et de mon inspiration.

« Il n'y a pas d'œuvre humaine
qui pour être vraiment grande
n'ait besoin d'une parcelle d'amour. »

Maréchal Lyautey

Prologue

J'aime mon pays.

Je l'ai servi toute ma vie dans la gendarmerie, l'institution dont la vocation est de le protéger. La France est la terre où reposent les miens. C'est le pays que m'ont légué mes anciens et qu'à mon tour je veux transmettre à mes enfants : la terre de France, son héritage fait de sources diverses, de racines profondes, de valeurs auxquelles je tiens plus que tout au monde. Je serai toujours au premier rang pour les défendre. Malgré tout. Même s'il faut pour cela affronter l'adversité.

Comme tous les Français, je vis dans la difficulté la situation à laquelle nous sommes confrontés aujourd'hui : crise financière, crise des institutions, pertes de repères, chômage… Sans parler des spectres horribles du terrorisme et des idéologies extrêmes qui planent sur l'Europe comme des oiseaux maléfiques.

Il est de mon devoir de dire la vérité. Et je la dirai. J'écris ce livre pour cela.

Le vendredi 13 novembre 2015, nous avons vécu l'horreur. Une série d'attentats terroristes a fait, en moins d'une heure, 130 morts dans la capitale : une majorité de jeunes, mais aussi des gens plus âgés, tous innocents et paisibles, des hommes et des femmes qui, tranquillement, assistaient à un concert, à un match de football ou dînaient au restaurant. Dans les milieux autorisés – gendarmerie et police –, depuis des mois, nous avions perçu des signaux confortés par des analyses qui laissaient entrevoir la grande probabilité d'une action terroriste. Personne n'avait les moyens d'en prédire la forme et l'ampleur. Le récit des événements du 13 novembre pourrait s'intituler « Chronique d'une tuerie annoncée ». Annoncée, mais mystérieuse. Nous redoutions que « quelque chose » ne se produise. Mais nous ne savions ni quand, ni en quel lieu, ni comment la bête allait frapper.

Comment en sommes-nous arrivés à cette boucherie ? Et surtout qu'allons-nous faire pour éviter la prochaine ? Il faudrait en tout premier lieu élaborer un cadre juridique, sur le long terme, qui ne soit pas l'état d'urgence, mais qui permette aux policiers et aux gendarmes de faire leur travail. Par exemple, le fait de ne pas avoir le droit d'ouvrir d'initiative le coffre des voitures que l'on arrête pour effectuer des contrôles partout en France et tout particulièrement aux péages à la frontière des autres pays européens (la Belgique par exemple) est une aberration.

Ce ne sont pas des mesures faciles à prendre. Il y a toujours des groupes de pression qui veillent à ce que des mesures « liberticides » ne soient pas prises : c'est de l'irresponsabilité face à une énorme menace qui ne laisse pas de place aux sentiments. Car les assassins terroristes, en face, eux, ne respectent aucune règle. Quant aux Français qui vont combattre aux côtés de Daesh, ils ont fait leur choix : il ne faut pas perdre notre énergie à les empêcher de partir. Mais il faut faire en sorte que ces jeunes gens n'en arrivent pas à cette extrémité ; toutefois lorsqu'ils sont perdus, nous devons les empêcher de revenir. Nous avons une attitude molle, nous n'allons pas au bout de nos convictions. La situation est pourtant exceptionnelle, elle exige que nous prenions des décisions claires, fermes, sans ambiguïté.

Le travail de fond reste à faire, au sein même de notre pays.

*

La France, pourtant, possède des atouts exceptionnels pour édifier une société prospère et juste. Mais la tyrannie des idéologies et la logique implacable des systèmes la conduisent dans l'impasse.

Je voudrais contribuer à remettre au goût du jour des valeurs oubliées, nos valeurs fondatrices : l'intérêt général, la probité, l'honneur, la sincérité. Autant de mots vidés de leurs sens, que les politiciens de tous bords utilisent sans vergogne et sans y croire une minute. Autant de vertus sans lesquelles il n'y a pas de grande nation.

Dénoncer les contradictions de ceux qui prétendent nous gouverner me paraît salutaire. Remettre en lumière les devoirs liés aux nobles tâches dont ils ont accepté de se charger et qui constituent leur responsabilité essentielle, tel est le but que je me suis fixé.

Il y a un peu plus de deux ans, des parlementaires m'ont demandé d'exposer publiquement les problèmes liés à l'importante question de la sécurité sur le territoire national. Je me suis consacré à cet exercice avec l'intégrité et le courage qu'il méritait. J'en ai payé les conséquences, comme on le verra. Dans ma carrière de militaire, et dans ma vie d'homme. J'ai pu constater à cette occasion la duplicité des politiques et le soutien massif de l'opinion publique.

Mais cela ne me décourage pas, et je continue. Je suis prêt à affronter les conséquences du choix de m'exprimer publiquement. Je continue, en tâchant d'élargir le champ des sujets traités et en restant toujours sur le terrain qui est le mien. Car, tout au long de ma carrière, j'ai pu observer la complexité de la vie politique et la subtile évolution de la société et des institutions.

Le débat public me semble aujourd'hui confisqué par une élite. J'ai décidé d'y prendre ma part, car je suis convaincu qu'une prise de conscience doit s'effectuer si nous voulons éviter une rupture violente. Les plus perspicaces d'entre nous en déchiffrent déjà les premiers signes.

Ce livre est ma contribution au réveil collectif qui doit impérativement avoir lieu.

Nous sommes nombreux à penser la même chose sur l'état de notre société et personne ne se lève pour le dire, personne ne se dresse pour sortir de ce fatalisme.

Je n'accepte pas cette posture passive.

Je voudrais montrer qu'il existe des responsables publics clairvoyants, lucides et rigoureux. Je voudrais indiquer qu'il existe un chemin en dehors des discours stéréotypés de la classe politique. Un chemin qui n'est pas celui de la division, de l'exclusion et des positions extrêmes où nous conduiraient inexorablement le comportement et les décisions des responsables politiques si nous les laissions faire. J'ose à peine l'imaginer – mais après tout, pourquoi pas ? –, mais peut-être ce livre pourrait-il déclencher une prise de conscience chez nos dirigeants et les amener, ne fût-ce qu'à la marge, à modifier leur comportement...

Enfin, j'ai le désir de faire sauter le verrou qui interdit à des responsables militaires de s'exprimer, afin qu'ils puissent participer de manière constructive au débat public. Depuis le début de mon parcours, mon engagement a un sens. Et les deux dernières années que je viens de vivre – qui furent des années ardues, au cours desquelles je me suis heurté aux impitoyables machines institutionnelles – lui ont donné une nouvelle dimension.

Je pense être un homme de devoir. Et j'assume tout ce que cela implique, au nom du principe cardinal qui a toujours guidé ma vie : être utile et servir.

Suis-je légitime dans ce rôle de lanceur d'alerte ? Suis-je autorisé à proposer de nouvelles pistes pour rénover notre pays ? Suis-je apte à indiquer les voies pour établir une société plus juste, meilleure à vivre pour nos enfants ?

Oui, car je suis un citoyen : ce seul titre me donne un droit de regard et d'inventaire sur mon pays et sur ceux qui le dirigent – que j'observe depuis trente ans.

Oui, car j'ai exercé des responsabilités qui me permettent de poser un regard distancié et plutôt objectif sur des questions essentielles de cohésion sociale et d'évolution socio-économique.

Oui, car le métier de militaire de la gendarmerie m'a mis en contact intime avec la vie quotidienne des Français. L'Institution, de par sa nature même, mesure le pouls de la société au quotidien. Ainsi, les responsabilités départementales, puis régionales, puis nationales que j'ai assumées, avec, en plus, l'ouverture que m'apporte aujourd'hui l'outre-mer, m'ont permis d'accéder à une vision d'ensemble.

J'ai servi la France sur son territoire et hors de son territoire.

Oui, car j'ai acquis une réelle connaissance du milieu politique. Les responsabilités que j'ai exercées m'ont mis en contact direct avec les élus de tous les niveaux, et cela depuis le début de mon parcours. J'ai eu affaire à des hommes et des femmes politiques à chaque moment de ma carrière.

Comme capitaine, j'ai travaillé avec des élus locaux et, dans le Lot-et-Garonne, avec Jean François-Poncet, ancien ministre.

Quelques années plus tard, dans le département du Vaucluse, j'ai pu approcher des élus devenus parlementaires ou ministres. J'ai ainsi côtoyé Marie-Josée Roig, maire d'Avignon devenue ministre de la Famille et de l'Enfance ; Thierry Mariani, député des Français de l'étranger, ancien ministre chargé des Transports ; Alain Dufaut, sénateur du Vaucluse ; Élisabeth Guigou, ancienne garde des Sceaux.

En qualité de commandant de région, j'ai collaboré avec Martin Malvy, président de la région Midi-Pyrénées, ancien ministre du Budget ; avec Jean-Michel Baylet, nouveau ministre de l'Aménagement du territoire ; avec Bernard Carayon, maire de Lavaur, ex-député du Tarn ; avec Kader Arif, député européen et ancien ministre des Anciens Combattants.

J'ai gardé avec certains de ces hommes et de ces femmes des liens particuliers.

Comme directeur des Opérations et de l'Emploi, j'ai approché tous les ministres de l'Intérieur qui se sont succédé. J'ai même été, quelques jours, virtuellement et contre mon gré, le conseiller gendarmerie de Claude Guéant, avant l'élection présidentielle de 2012. J'ai des relations de proximité avec le nouveau garde des Sceaux, ministre de la Justice Jean-Jacques Urvoas, avec la ministre déléguée, chargée de la Décentralisation du précédent gouvernement Anne-Marie Escoffier, et avec un certain nombre de parlementaires.

Bref, j'ai eu l'occasion d'acquérir une connaissance du monde politique plus importante que la plupart de mes pairs. Et cela a nourri ma réflexion

Cela me donne une certaine « surface » pour évoquer tous les sujets que j'aborde dans ce livre, notamment ceux que l'on pourrait considérer comme éloignés de mon métier.

J'ai commandé des dizaines de milliers de personnes, militaires et civils. La façon dont mon commandement a été perçu et les résultats que j'ai obtenus me reviennent sans que je le sollicite, d'une manière extrêmement positive. Cela me porte.

L'écho et les soutiens que j'ai reçus lors de l'audition dont nous parlerons plus loin, à l'Assemblée nationale, m'ont été d'un grand réconfort. Ils sont la preuve que mes efforts et ma démarche ont été compris par un grand nombre de Français et de Françaises. La vidéo publiée sur le Net lors du scandale qui a entouré cette audition a été vue par plus de 500 000 personnes ; les dizaines de milliers de témoignages étalés sur près de vingt et un mois, ainsi qu'une page de soutien Facebook découverte récemment et qui est encore très active, me font croire qu'il existe un grand nombre de personnes qui ressentent comme moi les problèmes auxquels est confronté notre pays.

J'ai été écarté à la suite de mon exposé à l'Assemblée nationale. Paradoxalement, je me sens investi par ce fait d'une certaine légitimité, car les Français sont en attente d'un discours vrai. C'est le sens, me semble-t-il, de leurs si nombreuses marques de soutien.

1

Liberté de parole

18 décembre 2013

Ce jour-là, le soleil luit doucement sur Paris, l'air est frais mais la température clémente. Le Palais-Bourbon se dresse devant moi, photographié par des dizaines de touristes qui admirent sa façade néoclassique. Par la fenêtre de la voiture, je vois la France, campée au milieu du fronton de l'auguste édifice. Drapée dans sa grande cape à l'antique, elle semble jeter un regard bienveillant sur moi. La Force et la Justice l'entourent. La Force et la Justice : justement, c'est exactement mon propos. J'ai été invité à rencontrer les représentants d'une commission parlementaire, pour donner le point de vue de la direction des Opérations et de l'Emploi sur la lutte contre l'insécurité. C'est un des sujets phares du moment. Pas un jour ne se passe sans qu'un journal évoque ce thème, à travers des exemples multiples : agressions, assassinats, terrorisme. On sent, à travers le pays, une inquiétude diffuse. Chacun se demande si l'État est encore en mesure d'assurer la sécurité de ses citoyens : ne sommes-nous pas devenus des proies ? La menace est-elle si constante ? Est-ce juste un thème exploité par des politiciens en mal de publicité ? Sommes-nous tous devenus des victimes potentielles ?

Bref, sommes-nous collectivement en danger ?

Sujet sensible.

Le conducteur me dépose, et comme à l'accoutumée je vérifie ma tenue, je suis parfaitement conscient de mon devoir devant la représentation nationale. Depuis une année, je dirige ce service des Opérations. C'est un pilier essentiel de l'édifice de la gendarmerie. Cela fait des mois que je me suis immergé dans le travail, dans cette mission. En arrivant au Palais-Bourbon, je suis calme, je connais parfaitement le dossier. Il faut éviter tout dérapage, toute manipulation, toute tentative de déstabilisation. S'en tenir aux faits, rien qu'aux faits. Ils sont lourds de sens, ils suffisent.

Je passe devant la grille du Palais-Bourbon. De nombreuses images défilent dans ma tête, surtout les visages de celles et ceux que j'ai rencontrés dans les unités de terrain ces derniers mois. Leurs mots résonnent encore dans ma mémoire. C'est comme un signal.

J'entre et je me présente au service de sécurité.

Je suis accueilli par Jean-Pierre Blazy. Cet homme chaleureux, qui a naguère été professeur d'histoire-géographie, est maire de Gonesse depuis 1995, député (PS) du Val-d'Oise, et a signé un ouvrage en 2006, *Les Socialistes et la sécurité*. Il est donc particulièrement intéressé par ce que j'ai à dire. Après les présentations d'usage, nous nous dirigeons vers la salle Lamartine, qui donne sur la rue de l'Université, derrière le Palais. C'est le lieu des commissions, où se déroule cet exercice traditionnel. Tout en gravissant les marches, j'ai pleine conscience de l'importance de ma communication. Changera-t-elle quelque chose ? Probablement pas. Mais elle viendra renforcer une inquiétude : la situation est grave, je ne le cacherai pas.

Pas un instant, je n'ai l'impression de risquer ma tête. Et pourtant...

La salle Lamartine est ronde, grande, des dizaines de micros se dressent devant des pupitres vides. Sont présents les membres de la mission : Cécile Untermaier, députée (PS) de la 4e circonscription de Saône-et-Loire ; Philippe Goujon, député (UMP) de la 12e circonscription de Paris ; Christian Assaf, député (PS) de la 8e circonscription de l'Hérault. Assisté du colonel Cesari, je m'installe face à mes interlocuteurs. Le président Blazy m'invite à prendre la parole. Il est convenu que je commencerai par un propos introductif libre – c'est le mot : libre –, puis que je répondrai aux questions des députés.

« Monsieur le Président, mesdames messieurs les députés. Vous avez souhaité auditionner le directeur des Opérations et de l'Emploi de la gendarmerie.

Je vous remercie et, naturellement, j'essaierai de répondre le plus précisément possible à vos attentes tant le sujet est extrêmement prégnant et très important pour notre communauté nationale. »

Je me sens en confiance. La séance est enregistrée. J'ai collationné, en vue de cet instant, les données recueillies par les équipes de mon premier cercle à partir d'éléments remontés des échelons locaux. Ma présence, ici, n'est que le début d'une succession d'autres auditions : le directeur des personnels militaires de la gendarmerie, le directeur des soutiens-finances, le directeur général naturellement, ainsi que trois autres officiers supérieurs viendront aussi s'exprimer devant la commission. Ils ne diront pas autre chose que moi. Mais ils le diront différemment.

Cette différence est le point d'équilibre de ma vie.

« La direction dont j'ai la charge constitue une tour de contrôle de l'activité de la gendarmerie, en particulier en termes de lutte contre la délinquance sur toute la zone placée sous notre responsabilité, c'est-à-dire 95 % du territoire français, sur lesquels résident plus de 30 millions de personnes. » Je suis concis : j'ai compilé les synthèses quotidiennes, rassemblé les données, rencontré des hommes de terrain. Je me suis fait une idée claire et juste des difficultés, qu'elles se situent à Aurillac, à La Ferté-Bernard ou à Grenoble. Coller à la réalité, c'est ma ligne de conduite. Rester en contact avec la base. Toucher le sol. De là me vient mon énergie.

Mon exposé est donc précis. Je ne cache rien, je ne déguise rien, je ne contourne aucun obstacle, je ne cherche pas à faire œuvre de diplomate. Suis-je tenu par le devoir de réserve ? Non. Devant la représentation nationale, il est levé. Ma parole est donc libre.

La situation est préoccupante, dis-je. Les effectifs, le cadre juridique, les moyens d'action, les missions elles-mêmes, tout est difficile. Point par point, je détaille la montée de la délinquance, les dangers auxquels notre pays est confronté. La sécurité des Français est-elle encore assurée ? Oui, mais tout juste. Le dévouement des hommes supplée au manque de ressources matérielles. Mais les hommes pourront-ils combler les insuffisances longtemps ? Si les délinquants gagnent en puissance, saurons-nous répondre ? Les moyens dans les brigades ne sont pas toujours à la hauteur de la tâche. Le maillage du territoire ne correspond plus toujours aux exigences opérationnelles. La charge de travail dans les brigades pèse sur l'équilibre personnel et familial des militaires. Et, surtout, la population sait-elle à quel point les hommes de la gendarmerie sont sollicités ? Cette reconnaissance est éminemment importante : il faut redonner aux Français la fierté de leur gendarmerie.

Je suis incisif. Chacune de mes phrases est pesée. Mon sentiment : la délinquance prime. C'est à elle qu'il faut s'attaquer en priorité.

Le propos initial n'a pas l'air de troubler les députés qui assistent à mon exposé. Certains sont absorbés par leurs messages SMS. D'autres suivent mes phrases, rêveusement. Peu à peu, cependant, je sens que l'intérêt monte. Cécile Untermaier quitte la salle, attendue pour d'autres travaux de la commission des lois.

Lorsque je qualifie mon analyse d'« iconoclaste », malgré l'encouragement du président Blazy, je sens une première vague d'incrédulité. Ensuite, lorsque je déclare que l'insécurité et le sentiment d'insécurité augmenteront tant que la réponse des pouvoirs publics ne sera pas adaptée, je vois que les regards se figent. Enfin – c'est là l'un des points les plus importants –, lorsque j'affirme que les gendarmes sur le terrain ont le sentiment fort que l'on prend souvent plus soin des auteurs des délits que des victimes, je sens une deuxième vague d'incrédulité, teintée d'inquiétude.

Qu'à cela ne tienne. En valeur absolue, la délinquance dans notre pays n'augmente pas, non. La réalité est que le *sentiment d'insécurité* augmente. Car la délinquance la plus visible, celle que les médias exploitent avec voracité, c'est la délinquance de proximité, celle qui touche au plus près nos concitoyens. Les chiffres, eux, grimpent – ce qui n'est pas la même chose – pour deux raisons.

Les violences domestiques sont davantage connues et sortent désormais de la sphère familiale. Certains comportements qui paraissaient autrefois anodins sont désormais considérés comme délictueux, notamment la maltraitance à l'intérieur de la famille et les vols domestiques.

Les auteurs des atteintes aux biens, souvent identifiés, bénéficient d'un traitement pénal qui leur permet de continuer à exercer leur activité.

Il faut ajouter à cela que les statistiques aujourd'hui sont redoutablement exactes, ce qui n'était guère le cas dans un passé pas si lointain.

Donc, la réalité est à nuancer : entre 2000 et 2013, la population française est passée de 59 millions d'habitants à 66 millions. Dans le même temps, en 2000, le nombre de crimes et délits, tous confondus, était de 60 pour 10 000 habitants. En 2012, dernière année de référence, il se situe à 54 pour 10 000.

Le sentiment d'insécurité grandit, pourtant.

Le défi à relever est clair : obtenir une baisse de la délinquance en même temps qu'une diminution du sentiment d'insécurité. Cela ne sera pas possible tant que la réponse collective aux phénomènes de délinquance ne sera pas adaptée. Or cette réponse est totalement en décalage par rapport au quotidien des Français.

Alors comment faire ?

Je n'ai pas de solutions toutes faites mais j'aborde deux sujets dont le premier, tabou, me vaudra les foudres. Un territoire de non-dits où les rivalités politiques et la langue de bois jouent dans l'ombre leurs macabres comédies.

La politique pénale… J'indique que la cohérence de la politique pénale au plan national pose problème et qu'elle ne peut pas être l'addition des politiques pénales locales.

Le deuxième sujet est celui des mineurs sur lequel je reviendrai. Et j'attends les questions des parlementaires. Ces dernières me surprennent quelque peu, car elles ne cadrent pas avec celles qui m'avaient été préalablement communiquées, mais c'est la loi du genre. J'essaie d'y répondre le plus précisément possible avec les éléments dont je dispose.

Le député Assaf me reprend :

– J'ai bien noté dans vos propos la critique déguisée de la politique du chiffre…

Je n'ai pas critiqué, mais livré des faits. Je donne des exemples concrets :

– Les gendarmes sur le terrain ont des instructions. Si vous arrêtez des mineurs d'origine étrangère, il faut les remettre en liberté car on n'a pas les moyens de payer un interprète. De même, si le délit de cambriolage n'atteint pas la somme de 300 euros, on remet le délinquant dehors. Il continue alors son activité. La situation est tendue, très tendue, souligné-je.

Je poursuis en précisant que la gendarmerie a perdu 6 000 hommes en quelques années. Et que l'État a tendance à « empiler les choses », à superposer des dispositifs et à imposer des solutions qui, souvent, n'en sont pas. Il est urgent de remettre en perspective les missions des uns et des autres, gendarmerie, police, police municipale, sous-traitants privés.

Peu à peu, l'échange glisse vers une zone plus politique – ce qui n'est pas mon intention. Quand nous revenons sur le sujet des mineurs, je donne mon opinion :

– La politique suivie par la protection judiciaire de la jeunesse me semble d'un autre temps. Je crois que les responsables sont marqués par la culture de ceux qui ont cru acquérir leur liberté sur les barricades de Mai 68 et que, désormais, c'est une vision du monde un tout petit peu dépassée.

Jean-Pierre Blazy cite alors la circulaire de novembre 2013, signée de Christiane Taubira, ministre de la Justice, qui invite les magistrats à plus de fermeté. Je fais part des mes doutes car je ne suis pas convaincu que les magistrats de terrain, malgré leur bonne volonté, soient en capacité de mettre en œuvre ces directives. Christian Assaf revient sur le « relâchement » supposé de la machine judiciaire. Je constate, simplement, que la justice n'est pas la même partout.

– Pour le vol d'un téléviseur, il y a des régions où le délinquant sera présenté au magistrat. D'autres régions où il sera simplement relâché. Il y a deux poids deux mesures dans notre pays, cela dépend de l'appréciation personnelle du magistrat.

Le matin même, j'ai reçu des éléments en provenance de Marseille – ville qui, on le sait, est un concentré de problèmes. Ainsi, en réponse à une question plus précise, pour étayer mon propos, j'indique que, dans les Bouches-du-Rhône, pour le mois de novembre 2013, 65 % des cambrioleurs interpellés sont à nouveau dans la nature. Il s'agissait en l'espèce de la situation du tribunal de grande instance d'Aix-en-Provence. Ce chiffre n'est pas une critique de la justice et des décisions des magistrats. Ce constat fait plutôt état des difficultés que rencontre la justice : 65 % des cambrioleurs dans la nature, cela ne veut pas dire que les magistrats n'ont pas fait leur travail. En l'occurrence, il y a toujours eu, pour chaque cas, une réponse pénale. Cependant, les magistrats doivent prendre des décisions avec les moyens qui leur sont donnés. Ainsi, lorsque les cambrioleurs reçoivent une convocation en justice à une date éloignée de six mois parce que les juridictions sont surchargées, ils sont remis en liberté. Pendant ce délai, ils continuent sans sourciller leurs activités illicites habituelles, jusqu'à leur jugement – si toutefois ils se présentent au tribunal. Lorsqu'ils font l'objet d'un rappel à la loi, il y a également une réponse pénale, mais ils restent en liberté.

Le vrai sujet n'est ni la réponse pénale ni la réaction de la justice, mais le dispositif et les moyens inadaptés. Je ne plaide pas pour l'enfermement et la prison. Je me contente de décrire un système qui, pour diverses raisons, ne permet pas de mettre un terme aux agissements des délinquants d'habitude.

L'inadéquation du système suscite un climat d'insécurité. Et provoque une impression de laxisme. On a l'impression – fausse – que l'impunité est généralisée

Entendez : dans la guerre entre gendarmes et voleurs, la population sent que les voleurs gagnent. Les valeurs sont inversées.

Tout cela est difficilement supportable !

Les conclusions évoquées devant les parlementaires s'imposent naturellement. Dans le cas de la justice : lui donner les moyens de faire son travail en lui permettant, par exemple, d'organiser des jugements rapides, de privilégier la procédure de comparution immédiate (dans les vingt-quatre heures après l'interpellation) – c'est rarement possible aujourd'hui compte tenu de la charge des juridictions ; lui permettre d'encadrer les mineurs qui devraient être pris en charge, non par des maisons carcérales, mais par des structures éducatives qui, souvent, n'existent pas. Il est évident que, dans un tel contexte, l'augmentation du nombre de gendarmes ou de policiers sur le terrain ne résoudrait rien car les magistrats ne seraient pas en mesure de traiter le contentieux dans des conditions acceptables. Face à l'incapacité matérielle de la justice à traiter chaque cas, les fauteurs de troubles recommencent toujours dès leur sortie des locaux de garde à vue.

Mes arguments font mouche. Certaines questions sont visiblement guidées par des considérations politiques. Je ne recule pas. J'approfondis. Je ne suis pas là pour être sous les projecteurs, pour me faire un nom, pour avancer ma carrière ou faire de l'épate. Je ne roule pour personne. Mais je dis les choses avec clarté.

C'est celle-ci qu'on va me faire payer. Cher.

Jean-Pierre Blazy me remercie. La séance est levée. Elle a duré deux heures.

La messe est dite.

La machine est en route. Trois semaines après cette séance, une dépêche de l'AFP sort, présentant mon audition comme une critique de la politique pénale du gouvernement (ce que je réfute absolument). La description que j'ai faite de la situation ne constitue en rien une critique de la politique pénale. Seule la présentation orientée de la presse a pu faire croire que je m'étais affranchi de la loyauté qu'un haut fonctionnaire, militaire en l'espèce, doit aux autorités. Du reste, la médiatisation de cette audition n'a eu lieu que le 7 janvier 2014, soit trois semaines après la séance à l'Assemblée. Et le sens de mes propos, systématiquement, n'a pas été respecté.

Pourtant, rien ne laissait présager une issue aussi désastreuse.

En effet, le soir du mardi 7 janvier 2014, jour de la parution de l'article du *Figaro* qui met le feu aux poudres, je suis au quartier des Célestins, à la caserne du régiment à cheval de la Garde républicaine. La gendarmerie présente ses vœux au ministre de l'Intérieur, Manuel Valls. Le ministre y répond, et, sans aborder directement le sujet, il fait passer un message concernant les commentaires et l'agitation qui entourent l'audition du 18 décembre. Je mesure en l'écoutant le décalage qui existe entre ce que j'ai dit et ce que l'on en a retenu.

Après avoir serré quelques mains, Manuel Valls s'avance vers moi. Instantanément, le vide se fait autour de nous et nous avons un entretien en aparté. Notre relation est plutôt courtoise, nous avons déjà conversé en plusieurs circonstances. Cette fois-ci, l'échange est un peu plus difficile, mais contrairement à ce que je pensais, je ne le sens pas remonté. Je lui explique en deux mots mon état d'esprit. Par quelques phrases bienveillantes, il me renouvelle sa confiance et conclut : « L'incident est clos », phrase qu'il répétera à la presse audiovisuelle quelques instants plus tard. Je connais un peu sa manière de fonctionner, je sais décrypter son attitude. Je crois déceler, à l'écouter, à le regarder, une disposition plutôt favorable en ce qui concerne mon audition. Mais je comprends que la logique politique s'impose. C'est pour moi un grand soulagement.

Le lendemain, 8 janvier, j'ai l'occasion de constater à nouveau que, dans les hautes sphères du pouvoir, mon intervention n'a pas eu l'impact négatif que la presse ou les partis d'opposition ont bien voulu souligner. Christiane Taubira, garde des Sceaux, ministre de la Justice, en réponse à une intervention polémique de Bertrand Pancher, député du groupe de l'Union des démocrates et indépendants, répond clairement : « Monsieur le député Bertrand Pancher, vous essayez de faire un mauvais usage de la déclaration d'un général. La police et la gendarmerie accomplissent un travail d'une très grande qualité, de même que l'institution judiciaire. Ce travail, impulsé par le ministre de l'Intérieur et moi-même, se révèle particulièrement efficace sur le terrain car nous sommes soucieux d'assurer la sécurité des Français. Je vois au contraire, dans ces éléments que vous avez retenus de la déclaration du général, une mise en cause très claire de la politique pénale conduite ces dernières années, qui s'appuyait sur toute une série de lois contradictoires et de procédures qui ne sont ni efficaces, ni opérationnelles. J'y vois encore un vibrant plaidoyer pour une politique pénale telle que nous l'avons conçue et telle que nous réussirons à la mettre en œuvre, une fois que nous aurons fait adopter notre projet de loi de prévention de la récidive, d'individualisation de la peine et d'efficacité de la sanction. Cette politique vise à assurer la sécurité des Français. » Je ne saurai jamais le degré de vérité de cette déclaration devant les députés.

Quarante-huit heures après la parution de l'article du *Figaro* intitulé : « Le numéro trois de la gendarmerie critique la politique pénale du gouvernement », le directeur général de la gendarmerie m'annonce mon départ de mes fonctions. Il me demande même de quitter la gendarmerie en me proposant un poste d'inspecteur général de l'Administration. La rumeur de mon départ commence à enfler au sein de la gendarmerie. Mais le DG subit de telles pressions de la part de ceux qui me soutiennent qu'il décide d'attendre l'été pour m'évincer.

Mon moral est au plus bas. J'arrive à contenir ma révolte au travail, beaucoup moins dans mon foyer. Mon épouse et mes enfants subissent les conséquences de mon état et doivent gérer les réactions des uns et des autres. Mon fils rate son bac. Même s'il est difficile d'établir un lien de cause à effet, il est sûr que cette crise ne lui a pas permis d'aborder son examen dans un climat de sérénité.

Pour ce qui me concerne, entre le mois de mars et le mois de juillet, toutes les décisions importantes à la direction générale sont prises en me court-circuitant. Je suis devenu un directeur des Opérations hors cadre, ce qui ne convient pas exactement à mon tempérament.

Les réseaux internes de la gendarmerie ont provoqué un buzz. C'est comme une traînée de poudre. Le plus éprouvant, dans un tel contexte, est de constater la lâcheté de ceux qui préfèrent prendre de la distance, ainsi que la récupération politicienne de propos qui n'avaient, dans ma bouche, aucune dimension politique.

Je dis bien : la lâcheté.

Au début du mois d'août, la sentence tombe : je dois quitter mes fonctions de directeur des Opérations et de l'Emploi au sein de la direction générale, et suis muté à la tête de la gendarmerie d'outre-mer. Bien que présentée comme prestigieuse, cette nouvelle affectation est une sanction. Personne ne s'y trompe.

Ma tête vient de tomber.

Finalement, malgré la difficulté de cette épreuve, malgré ses conséquences, lourdes pour ma famille et pour la fin de mon parcours professionnel, je ne regrette rien. Il est important que la représentation nationale et l'ensemble des citoyens sachent qu'il existe des hauts responsables nationaux capables de dire les choses telles qu'elles sont. Nous sommes plus nombreux que l'opinion publique ne peut l'imaginer.

Je pense également – et je suis heureux de le faire savoir – qu'il est des principes inaliénables. L'un d'entre eux veut que l'objectivité et la sincérité soient la règle devant les représentants du peuple, quelles que soient les circonstances.

Cette règle a été la mienne, je la revendique haut et fort.

J'ai malheureusement entendu des commentaires qui m'ont beaucoup déplu, selon lesquels il n'y aurait aucun intérêt à dire la vérité à une commission, car elle n'en fera jamais rien. Ces affirmations ne sauraient infirmer ni mes convictions ni ma conduite.

Enfin, et par-dessus tout, se pose le problème de la parole publique et de la liberté d'expression dans notre pays.

Avec le recul, je peux aujourd'hui évaluer la portée exacte de toute cette histoire : la polémique médiatique et le remue-ménage qui ont suivi mon exposé m'ont jeté dans un maelström. Les réactions institutionnelles ont globalement été défavorables puisqu'elles ont abouti à mon éviction. Du jour au lendemain, j'ai été déchargé de mes responsabilités et propulsé dans un autre univers.

Mais…

Mais j'ai reçu des dizaines de milliers de témoignages touchants. Ils m'ont aidé à traverser ce moment difficile. Ma famille et mes amis, fidèles au poste, m'ont entouré et sorti de ce très mauvais pas.

Je fais partie de ceux qui ont choisi de servir leur pays et y ont consacré leur vie professionnelle, animé de valeurs qui, probablement, sont moins ancrées aujourd'hui qu'elles ne l'étaient encore dans les années 1970.

J'ai toujours essayé de garder les yeux ouverts dans l'exercice des responsabilités que les autorités civiles et militaires m'ont successivement confiées depuis trente-cinq ans. Elles m'ont permis de côtoyer le pouvoir au plus près, tout en gardant un certain recul.

J'ai pu constater, en observant le fonctionnement de l'intérieur, que la vie politique et sociale était marquée par des archaïsmes, des anachronismes et des dogmatismes dont beaucoup de Français s'accommodent par intérêt, par habitude et parfois par désillusion.

Comment pourrons-nous faire naître une société délivrée des entraves du passé sans risquer une rupture sociale majeure ?

Celle-ci, à l'évidence, se prépare.

2

Mirage de la sécurité et malentendu sur la justice

Le grand défi pour la gendarmerie comme pour la police est la lutte contre la délinquance. Aujourd'hui, la sécurité nationale est étroitement liée à la délinquance. Car, il faut le savoir : avant d'être des terroristes, les individus qui commettent des attentats prétendument « politiques » sont d'abord des délinquants. Ce sont des marginaux, des anciens braqueurs, des bandits qui se sont reconvertis et qui assouvissent ainsi leurs pulsions de mort. Ils ont tous commencé comme délinquants. Ils ont tous des casiers judiciaires bien fournis.

En réalité, la délinquance et sa forme paroxystique qu'est devenu « le terrorisme à la française » s'appuient sur un même terreau : des jeunes gens à la recherche d'identité, qui n'ont plus de repères et aucun moyen de subsistance légal compte tenu de leur marginalisation sociale.

Il est logique que des individus déstructurés et en manque de sens passent par la délinquance, ne serait-ce que pour subsister. Par la suite, ils trouvent dans leur parcours chaotique une raison de vivre et de mourir en s'identifiant à une religion et à une cause, qu'ils ne comprennent pas forcément, mais qui les réconcilient avec leurs racines.

Les appels à la haine de certains imams sur le territoire français, les sites Internet appelant au djihad et le nombre de jeunes réceptifs à de tels messages nous ont déjà plongés dans l'horreur en janvier 2015. L'abomination s'est à nouveau abattue sur notre pays en novembre. Et nous craignons – à juste titre – des lendemains encore plus dramatiques.

Les banlieues de nos grandes villes où trop de jeunes sont livrés à eux-mêmes, souvent mal scolarisés, parfois déscolarisés, sans aucune perspective d'avenir, sont des réservoirs de rebelles. C'est dans ce vivier d'enfants révoltés, dévoyés, en déshérence et en mal de repères que le djihad fait son marché.

Nous vivons sur une poudrière, car ces délinquants, ces tueurs potentiels disposent d'une source d'instruments de mort quasi inépuisable : dans les grands centres urbains de France, il y a des stocks d'armes illicites qui sont le reliquat des guerres d'Europe centrale. Ce qui nous fait peur, à nous gendarmes, c'est que ces stocks d'armes, qui dorment pour le moment, sortiront un jour ou l'autre entre les mains de gens déterminés et organisés.

De nombreuses affaires nous ont mis sur la piste de trafiquants d'armes qui puisent leurs ressources en Europe centrale.

Ainsi, le 14 février 2012, une banale affaire nous conduit à démanteler un puissant réseau de trafic d'armes. Les gendarmes locaux perquisitionnent chez un homme résidant en Haute-Marne pour recel de vol. À son domicile, la brigade des recherches découvre une vingtaine d'armes de poing et d'épaule, dont des armes de guerre, et une quantité importante de munitions.

Les premières investigations permettent de mettre en évidence l'existence d'une filière slovaque.

En raison du volet international et de la sensibilité du dossier, c'est la JIRS (Juridiction interrégionale spécialisée) de Nancy qui est saisie. L'enquête revient à la section de recherches de Reims, en collaboration avec le groupement de gendarmerie de Haute-Marne. Une cellule nationale d'enquête « Armes 52 » est constituée à Reims.

Lors de leur enquête, les gendarmes identifient des hommes qui achètent des armes et des pièces d'armement auprès de cette filière. Ils arrivent ainsi à mettre au jour une seconde filière originaire des pays balkaniques.

Plusieurs centaines d'armes ont transité par ces réseaux vers le territoire français depuis plusieurs années.

Plusieurs dizaines d'enquêteurs de la gendarmerie travaillent sur ce dossier pendant dix-huit mois. Et, le lundi 2 décembre 2013, trois cents gendarmes procèdent à l'interpellation dans toute la France de quarante-cinq personnes impliquées dans ce trafic à différents niveaux.

Au cours des perquisitions, effectuées en région parisienne, Rhône-Alpes, Provence-Alpes-Côte d'Azur, Corse et outre-mer, plusieurs centaines d'armes de guerre et de poing sont saisies ainsi que des pièces détachées et des milliers de munitions. Le butin est d'une importance colossale : des kalachnikovs, des fusils d'assaut tchécoslovaques Vz 58, des pistolets tchécoslovaques CZ 75, des pistolets-mitrailleurs polonais PM 63, des pistolets-mitrailleurs israéliens Uzi ou encore des pistolets-mitrailleurs tchèques Skorpion.

Nous avons pu prouver que certaines armes ayant servi à des braquages et à des homicides, en particulier dans le sud-est de la France, avaient transité par cette filière.

Une bonne partie des « pseudo-collectionneurs » en garde à vue ont reconnu avoir remilitarisé des armes neutralisées, grâce à des pièces détachées acquises sur Internet.

Nous avons pu démontrer formellement qu'il existait un lien entre les milieux criminels et un grand nombre de nos prévenus. L'enquête ultérieure a permis de retracer des connexions avérées entre le milieu des amateurs d'armes et celui du grand banditisme.

Tous les trafics sont liés : les armes, la drogue et les êtres humains. Il y a comme un système de troc entre ces trois activités qui, toutes, d'une manière ou d'une autre, financent et alimentent le terrorisme.

Un bel exemple des liens inextricables existant entre les différents secteurs de la délinquance nous a été donné par la résolution de l'affaire Vory.

En effet, fin 2011-début 2012, la région Bretagne connaît une recrudescence de cambriolages de résidences principales et secondaires. Les douze unités de gendarmerie saisies des faits mettent en évidence que les vols sont imputables à une organisation géorgienne dont les responsables sont établis à Saint-Brieuc et à Morlaix.

Une première opération fin 2012 débouche sur l'interpellation et l'incarcération de huit délinquants ainsi que le placement de trois personnes sous contrôle judiciaire. Cette étape permet de mettre au jour une véritable organisation mafieuse.

Le patron de la région des Pays de Loire vient m'exposer à Paris les résultats de la première enquête et les investigations à mener pour venir à bout de cette organisation tentaculaire dont les ramifications à l'étranger commencent à être connues.

Je prends la décision de consacrer les moyens nécessaires au traitement de ce phénomène inquiétant. Avec l'accord des magistrats, des moyens conséquents sont engagés sur ce dossier. Le 18 février 2013, la section de recherches de Rennes, saisie avec l'Office central de lutte contre la délinquance itinérante, met sur pied une cellule d'enquête baptisée « Vory Ouest », pour traquer cette structure criminelle.

Nous découvrons une organisation pyramidale, contrôlée par des chefs de gang assistés par des lieutenants, les « smotriachi », chargés de gérer les équipes de voleurs et de collecter l'argent et les valeurs. Ces lieutenants contrôlent une ou plusieurs villes. Au bas de la pyramide, les voleurs souvent très jeunes sont appelés « soldats ».

Une cinquantaine d'enquêteurs se relaieront pendant des mois pour établir des actes d'enquêtes. Des dizaines d'écoutes téléphoniques dont il faut assurer la traduction, des centaines de clichés photographiques et d'innombrables surveillances seront effectués sur toute la région pour identifier les principaux membres de cette organisation. Des liens avec d'autres Géorgiens impliqués dans le trafic de stupéfiants et la traite des êtres humains sur toute l'Europe seront établis.

Fin 2013, dix-neuf individus de nationalité géorgienne sont interpellés. Quinze sont écroués, deux sont placés sous contrôle judiciaire et deux suspects, interpellés à Copenhague, ont fait l'objet d'une extradition.

Au total, cette opération a permis de mettre hors d'état de nuire quarante-cinq délinquants coupables de plus de quatre cent cinquante cambriolages, avec un préjudice de plusieurs millions d'euros.

Le mode de fonctionnement et la mission fondamentale de la gendarmerie, c'est la surveillance des populations. D'une manière générale, et de plus en plus, il s'agit de garder sous observation des milieux à risque, c'est-à-dire tous les gens susceptibles de se radicaliser. Certaines de ces populations marginales sont parfois européennes, c'est le cas de groupes d'anarchistes (comme la « cellule invisible » de Julien Coupat qui a été accusée du sabotage de la caténaire du TGV en 2008), de mouvements de mystiques illuminés, de hordes de skinheads, de groupuscules d'extrême gauche ou d'extrême droite. D'autres appartiennent à la communauté musulmane, à certaines mosquées dont les imams tiennent des discours djihadistes et organisent le recrutement des activistes.

Malgré ces faits alarmants, je pense cependant que, jusqu'à aujourd'hui, le niveau d'insécurité relatif n'a pas augmenté de manière très significative depuis vingt ans – compte tenu, bien sûr, de l'augmentation de la population.

En revanche, la violence qui accompagne la délinquance ainsi que le sentiment d'insécurité ont augmenté, c'est tout autre chose.

Pour le moment en tout cas, il y a des chiffres qui augmentent (les atteintes aux biens par exemple), d'autres qui baissent, mais globalement, le niveau de la délinquance est plus ou moins stable.

Le sentiment généralisé d'insécurité dans la population et la perception d'une violence aggravée tiennent au fait que notre système judiciaire n'est pas en capacité de répondre. Il est débordé, il manque cruellement de moyens. De plus, il n'envoie plus de messages clairs dans la population. Lorsque des infractions sont commises et qu'elles ne sont pas sanctionnées, la confusion s'empare du public : on a pu lire qu'une femme venait d'être libérée d'une peine de trente ans de prison pour un vice de procédure. Que l'on a libéré l'assassin d'un policier. Il est donc normal que les Français ne se sentent pas en sécurité.

La réponse donnée à ceux qui prennent des libertés avec le droit pénal, à ceux qui contreviennent au code consensuel de la société, qui ignorent délibérément ce qui se fait et ce qui ne se fait pas, cette réponse institutionnelle est la base d'une société saine et équilibrée.

Naturellement, le thème de la sécurité demeure un sujet de préoccupation majeur dans notre pays, et ne pas l'aborder serait une faute impardonnable. Aujourd'hui, il y a beaucoup de bruit sur ce sujet – sans parler de l'exploitation politique qui en est faite – mais pas beaucoup de réflexion sérieuse. En ce domaine comme en d'autres, les professionnels de la question cherchent encore, sans le trouver réellement, le projet global avec les objectifs et les moyens de les atteindre.

Notre réponse collective à la délinquance est, depuis de nombreuses années, en décalage au regard de la situation réelle. Elle ne peut pas se résumer à l'action des forces de sécurité. La question de la justice est le point central autour duquel devrait s'articuler toute approche du problème de la délinquance. Oui, impossible de le nier, il existe dans toutes les couches de la société une réelle défiance à l'égard de son fonctionnement.

La justice est une mission régalienne de l'État, et l'attente des Français à son égard est très grande. Ils ont le sentiment de ne pas être bien traités lorsqu'ils sont victimes, de ne pas toujours obtenir une réparation morale quand ils ont subi un préjudice, que la justice traite la délinquance avec des délais inacceptables, et surtout, ils ont la sensation, comme on l'a déjà dit, qu'un trop grand nombre des auteurs de délits n'est pas sanctionné efficacement par le système judiciaire. Ces frustrations, ces insatisfactions contribuent à entretenir ce malaise.

Si les citoyens ont l'impression qu'ils ne sont pas protégés par la société et qu'ils n'obtiennent pas réparation quand ils sont victimes, si les auteurs de délits ne sont pas justement sanctionnés, l'harmonie sociale est compromise.

Ce constat ne doit pas être considéré comme accessoire. Il est accentué par un certain nombre de malentendus et d'incompréhensions. Celui de l'indépendance de la justice n'est pas le moindre.

L'article 64 de la Constitution de 1958 est formulé de la manière suivante : « Le président de la République est garant de l'indépendance de l'autorité judiciaire. » Et le dernier alinéa de cet article stipule que « les magistrats du siège sont inamovibles ».

Ces principes constitutionnels sont absolument fondamentaux, ils permettent aux magistrats du siège de rendre leurs décisions en les préservant de toute pression institutionnelle. Toute autre pratique ou interprétation de cette garantie d'indépendance n'a aucune légitimité.

Certains juristes et trop de magistrats se sont approprié cette notion d'indépendance en considérant qu'il s'agit d'un principe qui s'applique individuellement. Mais un magistrat du siège n'est pas un travailleur indépendant. Il n'exerce pas son métier comme il l'entend. C'est un fonctionnaire de l'État, chargé d'une mission régalienne régulatrice des rapports entre les individus et la société. Il doit assumer les lourdes responsabilités dont il a la charge en appliquant la loi pénale votée par le pouvoir législatif. La Constitution lui donne des garanties pour rendre ses décisions en toute sérénité et sans pression extérieure.

C'est tout le sens de l'indépendance de l'autorité judiciaire.

Il ne peut pas y avoir d'autre interprétation.

Dans le milieu politique, au plus haut niveau, on constate une méconnaissance totale de la fonction du magistrat. Exemple : en 2015, à l'occasion du verdict sévère clôturant un procès, un ministre faisait sur l'antenne de RTL le commentaire suivant : « Avec cette condamnation, les juges ont voulu délivrer un message. » Une telle déclaration est tout simplement un contresens magistral ! Les juges ne sont pas chargés de délivrer des messages. Ils sont chargés d'appliquer la loi pénale. Les lois appliquées dans les juridictions sont les véritables messages adressés au corps social. De telles déclarations contribuent à entretenir une fausse idée de l'indépendance des magistrats.

La situation des magistrats du parquet, des procureurs et substituts, est différente : ils sont soumis au pouvoir hiérarchique, c'est-à-dire qu'ils obéissent aux prescriptions et directives générales du ministre de la Justice par le truchement des procureurs généraux.

Sur ce sujet circule, depuis un certain temps, un courant de pensée qui prône l'indépendance du parquet à l'instar des juges du siège. Cette idée paraît totalement incongrue à ceux qui, au quotidien, contribuent à la sécurité des Français. En effet, la subordination du parquet à l'autorité hiérarchique permet de mettre en œuvre la politique pénale décidée par le gouvernement.

Une politique pénale claire, cohérente et appliquée dans l'ensemble des juridictions de notre pays constitue un idéal dont nous sommes bien loin. C'est pourtant la condition *sine qua non* d'une justice équitable et démocratique. Une seule loi pour tous. Aujourd'hui, la situation est la suivante : chaque parquet prend un certain nombre de libertés, malgré les efforts de certains procureurs généraux pour assurer la cohérence. En réalité, il suffit d'un seul magistrat du parquet qui « s'autonomise » pour rendre l'action de l'ensemble d'une juridiction totalement illisible et contestable par les justiciables.

Le principe de la hiérarchisation du parquet qui, malgré les textes, n'a pas toujours de réalité concrète aujourd'hui, ne doit surtout pas être remis en question.

Ceux qui imaginent que les procureurs sont aux ordres et qu'ils sont susceptibles d'accepter des pressions politiques font injure à la qualité de nos magistrats. La grande majorité d'entre eux est constituée de serviteurs intègres de l'État.

Il serait contraire aux intérêts du pays de céder aux sirènes et de se plier à la tendance actuelle qui voudrait libérer les magistrats de parquet de toute tutelle hiérarchique. Certains imaginent que la justice serait plus sereine si elle s'exerçait en parfaite autonomie sans avoir à rendre de comptes à qui que ce soit. Ce serait une très grave erreur. Cela aggraverait le malentendu sémantique concernant l'indépendance de l'autorité judiciaire. En outre, il est fort probable qu'une telle situation confirmerait l'éloignement du justiciable à l'égard de l'institution judiciaire. Ce serait à nouveau donner la primauté à des constructions intellectuelles déconnectées de la réalité sociale de notre pays et en total décalage avec la nécessité de préserver le rôle qui incombe au parquet : défendre la société.

Or la défense de la société ne peut s'exercer qu'en appliquant la loi pénale votée par le Parlement et par l'application des directives de politique pénale décidée par l'exécutif.

Le débat sur la pertinence de la politique pénale est une autre affaire.

Une politique pénale efficace est celle qui permet de réduire à la fois le niveau de délinquance, le nombre de victimes et de récidives, tout en augmentant de manière globale le sentiment de sécurité.

Depuis quinze ans, ces critères n'ont jamais été satisfaits de manière concomitante.

La mise en œuvre d'une politique pénale de qualité nécessite une justice sereine. Et une justice sereine ne s'accommode pas de certains commentaires qui minent sa légitimité. Il est impératif de respecter l'institution et les magistrats qui la composent. Il n'est pas acceptable d'évoquer publiquement des décisions de justice et de commenter les actes juridiques des magistrats. La contrepartie de ce principe intangible est de faire en sorte que l'action « décalée » d'une minorité de magistrats ne pèse pas sur l'ensemble du corps et qu'ils ne se sentent pas intouchables.

Cela nécessite de pouvoir maîtriser ceux – parmi les magistrats – qui se sentent investis d'une « mission divine », qui pourfendent le mal envers et contre tout et s'inscrivent généralement dans une stratégie jusqu'au-boutiste. C'est le cas de certains magistrats du siège et de quelques juges d'instruction, notamment. Leur conception personnelle de la justice, leur recherche effrénée de la vérité les affranchissent souvent des nuances et de la mesure nécessaires à la préservation de l'équilibre social. D'autres exercent leur métier à l'aune de leurs idées philosophiques ou politiques. Ils n'appliquent la loi que lorsqu'elle coïncide avec leurs propres convictions.

Il n'est pas admissible que certains magistrats rendent des décisions en ne s'appuyant que sur leurs convictions, sans tenir compte de certaines dispositions pénales et de la réalité sociale. En agissant de la sorte, ils promeuvent une idée de société qui n'est pas celle choisie démocratiquement par la majorité des Français. Ces magistrats marginaux sont parfois placés à des postes clés. Trop souvent, ils impactent lourdement le déroulement du procès pénal. Ils sont à l'évidence de moins en moins nombreux. Mais ceux qui sévissent encore détruisent les efforts de la grande majorité des magistrats qui exercent leur métier avec dévouement et équité, dans des conditions de pénurie budgétaire.

Sur ce thème des moyens, la situation est inquiétante depuis de nombreuses années. Des moyens humains et matériels suffisants sont la garantie d'un fonctionnement serein de la justice. Ils sont la condition de la confiance qu'elle doit inspirer aux justiciables.

Aujourd'hui, les affaires politico-judiciaires qui laissent planer un doute sur la neutralité de l'ensemble de l'appareil judiciaire ne sont pas faites pour créer la confiance envers l'institution.

Mais, pour appréhender les sujets de fond, il faudrait d'abord que des responsables politiques ne soient pas eux-mêmes mis en cause à des degrés divers dans des affaires judiciaires...

En somme, deux points importants marquent l'opinion publique et méritent en effet d'être traités de manière transparente : le premier concerne le manque de réaction face aux dysfonctionnements humains et le second concerne la remise en liberté d'individus qui constituent un réel danger pour la société.

De fait, le traitement disciplinaire des comportements inappropriés de certains magistrats semble une question insuffisamment réglée. Lorsque les fautes sont avérées elles doivent être sanctionnées, certes, en garantissant les droits de la défense Mais, en l'occurrence, il existe un système très protecteur des magistrats qui peut être considéré comme une sorte d'exonération. En démocratie, personne ne doit pouvoir échapper aux conséquences de ses propres actes, même lorsque l'on bénéficie d'un statut légitimement protecteur.

On parle parfois de l'impunité de certains délinquants mais en contrepoint on pourrait évoquer celle des magistrats.

Naturellement, il convient de traiter ces cas particuliers avec mesure mais c'est une question de cohérence et nous en manquons singulièrement.

Cette remarque s'applique également à tous les fonctionnaires dont on recherche très exceptionnellement la responsabilité.

Il y a une complaisance, voire un certain laxisme, dans notre monde administratif. Une bonne partie de la responsabilité en revient aux organisations syndicales dont l'action gêne souvent, voire paralyse, l'action disciplinaire. D'une manière générale, en France, aujourd'hui, il est devenu délicat de signifier à quelqu'un ses insuffisances professionnelles. Le risque est grand d'être mis en difficulté, voire d'être accusé de harcèlement, par l'intéressé, appuyé par les organisations syndicales ou quelques lobbies actifs.

Le second point concerne l'incompréhension de l'ensemble du corps social lorsque des erreurs de procédure que l'on qualifie « de forme » aboutissent à des décisions de remise en liberté de détenus pour lesquels il existe des preuves matérielles de culpabilité.

Les juristes éminents argueront, naturellement, que le respect absolu de la forme est nécessaire à l'administration d'une bonne justice. Le respect de la forme est certes un des garants des droits de la défense. Mais garantir les droits d'un individu, sur qui pèse une forte présomption de culpabilité concernant des crimes ou des délits graves, au détriment du droit à vivre en paix de l'ensemble des citoyens, c'est, en définitive, donner la primauté à une construction purement intellectuelle sur la vie sociale elle-même.

Le droit est au service de la société.

À écouter cependant les avis très éclairés de certains spécialistes, on se demande s'il est bien raisonnable que les honnêtes citoyens puissent espérer ne pas rencontrer sur leur chemin un délinquant qui a été libéré au bénéfice d'un dysfonctionnement du système.

Il est urgent d'inscrire dans nos lois pénales une clause de sauvegarde qui permette de régler de telles situations.

Dans un pays démocratique, soucieux des droits individuels de tous les citoyens, la forme ne peut pas toujours l'emporter sur le fond. Or, aujourd'hui, dans notre pays, dans notre droit, c'est souvent ce qui se passe. Et pour l'heure, c'est une impasse.

Dans ce registre, une récente décision de la Cour de cassation a contribué à creuser l'écart avec une grande partie de l'opinion publique.

En effet, en mars 2015, la juridiction suprême a annulé un arrêt de la cour d'appel de Paris qui avait jugé légale la sonorisation de locaux de garde à vue pour permettre de mettre en cause des suspects.

En 2012, deux suspects d'un cambriolage placés en garde à vue dans des geôles contiguës avaient été mis sur écoute sur demande du juge d'instruction. Au cours d'échanges entre les deux hommes, l'un d'eux s'était confié à l'autre et avait reconnu les faits. Dans ce dossier, la sonorisation des locaux de garde à vue avait été reconnue conforme au code de procédure pénale dans un arrêt de la cour d'appel de Versailles. La cour d'appel de Paris avait confirmé que le stratagème ne violait pas le droit au silence des détenus. Mais la Cour de cassation avait cassé cette décision, y voyant un « procédé déloyal de recherche des preuves ».

La Cour de cassation avait été réunie une seconde fois en assemblée plénière. Et la plus haute juridiction française avait confirmé son appréciation. L'arrêt de la Haute Cour stipule que cette technique consistant « à susciter des échanges verbaux qui seraient enregistrés à leur insu pour être utilisés comme preuve [...] constitue un procédé déloyal d'enquête mettant en échec le droit de se taire et celui de ne pas s'incriminer soi-même et portant atteinte au droit à un procès équitable ».

Cette décision, contraire à celles des deux cours d'appel, pose un problème de fond. Elle contredit des conclusions dont le pragmatisme judicieux permet de donner aux enquêteurs des moyens efficaces de lutter contre les auteurs d'infractions qui touchent quotidiennement les Français.

La décision de la Cour de cassation peut être considérée comme « hors-sol ». Elle se situe en dehors des considérations de défense des intérêts de la société. Elle se place sur un plan purement doctrinal. Il s'agit de défendre des principes de droit qui, en l'occurrence, sont parfaitement contestables, puisque les deux cours d'appel s'appuient également sur le même corpus juridique national.

C'est une certaine idée de la justice que défend la Haute Cour.

En dehors de toute approche philosophique, correspond-elle aux besoins de notre société ? La défense de principes juridiques passe-t-elle avant l'intérêt public qui doit prévaloir dans la recherche des auteurs d'infractions ?

Cette décision est emblématique du fossé qui sépare les juristes purs de ceux qui essaient de préserver le minimum de cohérence et de cohésion sociales. En outre, elle alimente l'incompréhension générale dans l'opinion publique.

Comment, en effet, expliquer, dans un État de droit, que des règles juridiques empêchent de poursuivre des délinquants et que des victimes ne puissent pas obtenir réparation ?

Dans certains cas, les institutions européennes, en essayant de communautariser le droit, entrent dangereusement en contradiction avec notre système juridique.

Exemple : comment admettre que la France accepte sans sourciller – et applique – la recommandation de la Cour européenne des droits de l'homme (CEDH) préconisant la suspension de l'expulsion vers son pays d'origine de Djamel Beghal, accusé de faits liés au terrorisme ? Cet homme vient de purger dix ans de prison en France et représente une menace pour le pays. Assigné à résidence aux frais de l'État en 2009 dans le Cantal, sous surveillance de la gendarmerie et des services spécialisés, ce criminel récidiviste est encore condamné à dix ans pour participation à une nouvelle entreprise terroriste.

Chérif Kouachi, un des assassins qui a participé à l'attentat contre *Charlie Hebdo*, et Amedy Coulibaly, délinquant multirécidiviste, plus tard tueur et preneur d'otages de la supérette Hyper Cacher de la porte de Vincennes, le citent comme une référence.

Cet individu est toujours sur le sol national, conformément à cet arrêt de la CEDH. Il est actuellement incarcéré. Que se passera-t-il le jour de sa libération ? Face à cette réalité, qui va s'amplifier, le débat sur la déchéance de nationalité est dérisoire.

Cet exemple est révélateur de décisions juridiques qui mettent en danger notre société. Il est vraiment temps que les pays de l'Union cessent de subir une loi qui impose que ces criminels – terroristes ou de droit commun – puissent continuer de menacer les citoyens. Il revient aux autorités de notre pays de prendre clairement position sur ces tentatives d'infléchissement de notre droit. Elles portent atteinte à notre sécurité nationale.

Mon propos est clairement incorrect au plan juridique et politique mais il est humainement et socialement fondé. Il est urgent de revenir à des normes acceptables et adaptées à l'état de notre société. Il est urgent de refuser ces règles concoctées par des juristes, au nom de principes qui sont des constructions intellectuelles déconnectées de la réalité.

Le malaise entre les Français et la justice de leur pays est un élément majeur de la crise de confiance que traverse notre société.

Il est important de rappeler que tous les jugements sont rendus « Au nom du peuple français ». Cela est symboliquement lourd de sens. Et cela crée, pour l'État, l'obligation de donner aux magistrats les moyens d'exercer leur métier.

Ce sujet central de la délinquance dépend, en grande partie, du fonctionnement de la justice. Le sous-dimensionnement chronique des moyens qui lui sont dévolus est directement proportionnel à son incapacité à faire face à sa mission capitale. Le budget du ministère de la Justice se situe à un niveau tellement bas qu'il est illusoire d'imaginer un fonctionnement satisfaisant.

Outre le nombre dérisoire de magistrats et de personnels de soutien dans les parquets et les greffes, outre la parcimonie des dotations de fonctionnement, il convient d'évoquer un élément capital qui fait l'objet d'atermoiements incompréhensibles : la politique carcérale.

Malheureusement, des arguments idéologiques polluent ce débat. Ainsi, personne n'ose afficher des objectifs réalistes à atteindre en termes de volume des prisons. Cette indécision pose une question de fond. Celle de la capacité à assumer les décisions de la justice en application de la loi pénale votée par le législateur. Ne parlons même pas des conditions matérielles dans lesquelles les condamnés vivent en prison.

Le potentiel d'incarcération en France est singulièrement faible. Nos voisins européens comme l'Espagne ou le Royaume-Uni disposent respectivement de 76 000 et 96 000 places au regard d'une population plus faible ou équivalente à la nôtre. La France compte 57 000 places alors que 67 000 personnes en moyenne sont incarcérées. Cette surpopulation carcérale n'est pas admissible. Pourtant, la situation est connue depuis bien longtemps, sans que des décisions énergiques soient prises.

Par ailleurs, 80 000 à 100 000 personnes sont condamnées à de la prison ferme et sont en liberté, faute de place dans les établissements. Dans certaines régions, les condamnations sont prononcées en fonction de la place dans les maisons d'arrêt. Cette logique est parfois poussée jusqu'à l'extrême : une condamnation est accompagnée d'une remise en liberté d'un détenu en fin de peine pour faire la place.

Voilà la réalité très concrète de notre système carcéral. Il manque donc plusieurs dizaines de milliers de places en prison pour assurer la cohérence du système judiciaire.

Si certains délinquants sont condamnés à de l'emprisonnement, c'est que le juge a estimé conforme à l'intérêt de la société de les écarter momentanément de la vie sociale. Or le condamné reste en liberté. Le message vers le coupable, la ou les victimes et l'ensemble de la société est désastreux. Malgré la condamnation, c'est avec un sentiment d'impunité et d'inefficacité que les Français considèrent leur système judiciaire.

La vertu pédagogique de la sanction n'existe plus, et cela aussi constitue un facteur de délitement social.

Ces places supplémentaires dans les prisons font gravement défaut pour une deuxième raison : outre la vétusté de certaines maisons d'arrêt, la surpopulation carcérale induit des conditions de vie en détention particulièrement dégradées. Lorsque, dans des établissements pénitentiaires, les détenus dorment sur des matelas au sol, cela mérite toute l'attention de nos gouvernants. C'est la réalité que j'ai constatée en janvier 2015, au centre de Baie-Mahault en Guadeloupe, lorsque j'ai inspecté les unités de gendarmerie. Cent dix-sept personnes y étaient enfermées, au-delà des places disponibles, dans des conditions déplorables. Les gendarmes m'ont indiqué la tension très importante qui régnait dans ce milieu carcéral. Ils étaient en état de vigilance permanente et devaient intervenir très régulièrement.

À mon retour, j'ai indiqué par courrier à la garde des Sceaux l'existence de cette situation préoccupante. À titre anecdotique, je signale que mes autorités de tutelle me l'ont reproché. Pourtant il s'agissait, en l'espèce, de la capacité de notre pays à respecter, y compris en prison, les principes dont nous nous réclamons. La dignité humaine est le premier d'entre eux.

Les discours et prises de position de certains intellectuels et de certains groupes d'influence, au nom des grands principes des droits de l'homme dont nous serions les détenteurs privilégiés, sont irrecevables. L'état révoltant de certaines de nos prisons nous enlève, d'entrée de jeu, ce droit de parole. Donner des leçons d'humanité, y compris à des pays étrangers, nécessite d'être absolument exemplaire. Or nous ne le sommes pas. Il est urgent de prendre des décisions pour permettre d'incarcérer les condamnés dans des conditions décentes partout en France.

Naturellement, il n'est pas ici question de transformer nos établissements pénitentiaires en hôtels à deux ou trois étoiles, mais de donner aux condamnés de bonnes conditions de détention et un environnement de travail supportable aux fonctionnaires de l'administration pénitentiaire.

La prison est déjà par essence un lieu d'une grande violence, et celle-ci est trop souvent accentuée par la situation matérielle extrêmement dégradée en détention.

La société en général et les pouvoirs publics au premier chef sont comptables des conditions dans lesquelles les quasi 70 000 détenus de notre pays vivent pendant plusieurs années de leur existence. Il convient de prendre toutes les mesures pour faire en sorte que les délinquants ne ressortent pas de leur séjour en prison davantage marginalisés qu'ils ne l'étaient en y rentrant, et sous mauvaise influence.

C'est aussi un enjeu important pour leur réinsertion dès leur sortie de prison. Plus les conditions d'incarcération sont dégradées, moins les chances de réadaptation en liberté sont importantes, ce qui aggrave le taux de rechute et alimente une spirale infernale.

Les gouvernements successifs poursuivent une chimère en demandant une mobilisation et des résultats aux forces de l'ordre. Je persiste en disant qu'augmenter les effectifs de la police et de la gendarmerie n'est que pure illusion. À l'évidence cela peut se justifier ici ou là. Mais si les délinquants condamnés ne peuvent pas être incarcérés, ils continuent leurs activités, avec, en outre, cette sensation de défier le système et de pouvoir échapper à la sanction.

Il est temps d'arrêter l'hypocrisie et d'affronter les difficultés telles qu'elles se présentent et où elles se trouvent.

Les moyens de mettre en œuvre un projet ambitieux en matière de consolidation du système judiciaire existent. C'est une affaire de choix et de priorités.

Les questions de justice et de sécurité se situent au cœur du contrat qui lie le citoyen à l'État. Elles doivent faire l'objet de la plus grande transparence et, comme beaucoup de sujets, d'un débat d'idées. En outre, elles concernent en premier lieu ceux qui sont les plus fragiles, et tout particulièrement la jeunesse.

3

L'enjeu de la jeunesse

La jeunesse. Quel thème plus exaltant et quelle responsabilité plus écrasante pour les gouvernants d'une nation ! Elle est l'espoir, c'est elle qui doit inspirer les décisions de société au plus haut niveau. Car c'est pour elle que s'élabore le pays de demain.

Depuis quelques années, la jeunesse fait l'objet d'enjeux politiques forts dans notre pays. Elle constitue une priorité politique, ce qui semble une évidence. Elle incarne l'avenir de la communauté nationale et à cet égard elle doit faire l'objet de toutes les attentions. Notre devoir à tous, membres adultes de la société, est de veiller à la mettre en situation d'affronter les défis qui seront les siens dans les meilleures conditions.

Prenons le cas de la délinquance juvénile. Lorsqu'un thème aussi important fait l'objet d'une attention politique particulière, cela l'expose aux luttes et aux combats individuels et collectifs qui conduisent à des positions de principe souvent dogmatiques.

En l'occurrence, les partisans de la pérennité de l'ordonnance de 1945 et ceux de sa révision s'affrontent, les pragmatiques et les idéologues s'opposent. Il s'agit pourtant d'un texte fondateur qui, tel qu'en lui-même, devrait servir de base à toute évolution future dans le domaine du traitement de la délinquance juvénile.

L'ordonnance de 1945 est l'une des premières mesures prise après la Libération par le Gouvernement provisoire présidé par le général de Gaulle. Elle modifie les tribunaux pour enfants et redéfinit le rôle du juge des enfants en établissant clairement la primauté de la pédagogie sur la coercition. Cette ordonnance a fait l'objet de trente-quatre réformes depuis sa création. Elle est une source d'inspiration inépuisable.

Elle devrait être réexaminée dans le contexte nouveau des délinquances juvéniles que notre société de consommation a créées.

Le regard que je porte aujourd'hui sur la jeunesse est celui d'un responsable de la sécurité qui constate la dégradation des conditions de vie de nos plus jeunes compatriotes. Le taux de mineurs impliqués dans la délinquance est aujourd'hui beaucoup plus important qu'il y a dix ans, mais, fort heureusement, toute la jeunesse n'est pas délinquante.

Il y a une déperdition certaine de notre système de valeurs : les standards d'éducation se sont littéralement désintégrés, une grande partie de la population n'a plus de repères et ne sait plus distinguer le bien du mal. Au sommet de l'État, les signaux qu'on devrait recevoir ne sont pas au rendez-vous : un ministre qui a des comptes en Suisse ment devant tout le monde, un autre ne paie pas ses impôts... Ce sont des messages destructeurs qui sont donnés à la population, aux jeunes surtout. Ceux-ci manquent de modèles positifs auxquels s'identifier. Les parents ne savent plus dire « non », ils ne mettent aucune limite. Nous sommes, une fois encore, dans le flou le plus total.

Pour les douze à dix-huit ans, la vie n'est pas toujours simple. Déjà à douze ans, nombre de ces jeunes sont très autonomes et certains sont même entrés dans la vie active du deal et du caillassage des voitures de la police et de la gendarmerie. Évidemment, ils ne sont pas majoritaires. Mais, y compris dans les beaux quartiers, certains, âgés de douze ans, ne peuvent plus vraiment être considérés comme des enfants.

La jeunesse ne constitue pas un bloc homogène, et, naturellement, il n'est pas question de tout considérer d'une manière négative. La jeunesse française est, dans sa grande majorité, avide de croquer la vie à pleines dents et soucieuse d'apporter sa pierre à l'édification de la communauté. Il est clair cependant que tous les jeunes ne démarrent pas avec les mêmes atouts ni avec les mêmes chances.

Beaucoup de facteurs interviennent. Peut-être le patrimoine génétique, mais plus sûrement le milieu familial, l'éducation reçue, la disponibilité des parents, les établissements scolaires fréquentés et d'autres éléments encore, qui créent une situation d'inégalité de fait.

En théorie, notre communauté nationale s'est pourtant organisée pour atténuer ces différences, ou tout au moins pour permettre à chacun de trouver sa place.

L'observation de certains jeunes qui sèment le trouble dans leur environnement et la constatation de la montée inexorable de la délinquance des mineurs démontrent un vrai problème de fond. Il ne concerne qu'une certaine partie de ce nouveau groupe social – car « les jeunes » représentent un vrai groupe social, depuis la fin des années 1950. Cependant, il serait hasardeux de dire que la délinquance ne concerne que des jeunes appartenant à des milieux ciblés, situés dans des zones dites défavorisées – elle est en réalité largement distribuée dans toutes les couches sociales.

Par ailleurs, est avérée l'existence, dans notre pays, de zones et de cités dans lesquelles s'échafaudent, pourrait-on dire, de très grandes fragilités, et qui fournissent un terreau propice à la déviance et à la délinquance. Le vrai sujet à traiter collectivement est celui de la prise en compte de cette partie de la jeunesse qui ne se reconnaît pas dans la société à laquelle, qu'ils le veuillent ou non, ils appartiennent.

Une partie d'entre eux, adolescents et jeunes adultes, sont restés sur le quai en regardant le train passer sans pouvoir monter dedans. Désormais, certains en sont réduits à vouloir monter sans payer dans le premier train qui passe, et parmi eux quelques-uns laissent libre cours à leurs frustrations en saccageant l'intérieur de la rame. D'autres, encore plus révoltés et marginalisés, ne tentent plus de monter dans le train mais cherchent à le faire dérailler. Cette image illustre les niveaux de violence que connaît aujourd'hui la société française et le fait que sa capacité à traiter cette situation est totalement en décalage avec sa gravité.

Le manque de perspectives d'avenir et le fait que la proposition la plus alléchante pour se sortir du marasme est la délinquance – et le plus souvent le trafic de stupéfiants – poussent la jeunesse des périphéries à affronter tous les risques. Souvent, elle joue avec la mort comme à la roulette russe. L'argent facile, la montée d'adrénaline liée au risque... De plus en plus, ces jeunes se ruent vers l'extrême. On le voit bien à travers les moyens et les procédés qu'ils utilisent pour leurs activités illicites.

Prenons l'exemple le plus emblématique de cette nouvelle tendance, les go fast, et précisément celui d'une interception d'un go fast dans les Landes en février 2013.

Une équipe de jeunes Charentais mène grand train depuis quelques mois. Ils attirent l'attention des enquêteurs spécialisés dans la lutte contre le trafic de stupéfiants. Ces jeunes gens flambent avec ostentation : voitures de luxe, sorties tapageuses en boîtes de nuit, mises impressionnantes sur des paris hippiques.

En réalité, ils pratiquent, comme de nombreux trafiquants de stupéfiants d'un certain niveau, la technique du go fast. Elle consiste à acheter une grande quantité de drogue, principalement résine de cannabis ou cocaïne, parfois plusieurs centaines de kilos – en Espagne notamment –, puis de remonter cette cargaison par l'autoroute dans un véhicule de location extrêmement puissant. Ils utilisent habituellement deux axes principaux : l'A9, le long de la Méditerranée, et l'A10, le long de l'Atlantique.

L'opération est montée avec minutie, de nuit la plupart du temps. Le véhicule transportant la drogue, baptisé « porteuse », est obligatoirement précédé d'une ou deux voitures, dites « ouvreuses », chargées de s'assurer de la liberté de passage et de signaler la présence des gendarmes, notamment au niveau des péages. Certaines équipes disposent également de voitures « suiveuses », capables de réagir à une interpellation ou à prendre le relais en cas de panne ou d'accident. Tous ces véhicules sont en contact permanent par téléphone et parfois par radio.

La vitesse pratiquée (entre 200 et 250 kilomètres à l'heure), l'audace et la maîtrise des trafiquants spécialistes des go fast nécessitent l'intervention d'équipes spécialisées. C'est la raison pour laquelle, dans la gendarmerie, seul le GIGN procède à ces opérations d'interpellation d'un genre particulier, en appui des équipes d'enquêteurs.

Le 28 janvier 2013, l'équipe de Charentais convoie 320 kilos de résine de cannabis et transite sur l'A10 en remontant tambour battant d'Espagne avec trois véhicules. Ils ne le savent pas mais, depuis Almería au sud de l'Espagne où ils ont chargé leur cargaison, les gendarmes de la section de recherches de Pau épient leurs faits et gestes. Les gendarmes du GIGN, eux, sont positionnés au péage.

4 h 30, au péage de Saint-Geours-de-Maremne dans les Landes. L'un des trois véhicules est intercepté sur l'A63 par le GIGN. Il s'agit d'une Audi A8 de 450 CV, d'une valeur de plus de 110 000 euros. Une heure plus tard, sur la rocade bordelaise, quatre occupants d'une Golf et d'une BMW sont cueillis en douceur. Dans l'un des véhicules, les enquêteurs saisissent plus de 300 kilos de cannabis. Valeur marchande : de 450 000 à 600 000 euros.

Mais l'interception de go fast la plus spectaculaire fut celle organisée sur le viaduc de Millau en février 2011. En pleine journée, ce qui est très rare. Elle avait exigé plusieurs mois de mise au point, compte tenu de la configuration des lieux, de la dangerosité de l'équipe de trafiquants et des risques potentiels pour les usagers de l'autoroute.

Une simulation d'accident avait été mise en place avec des épaves de voitures et la participation de véhicules des services de l'autoroute. Les voies de circulation avaient été ainsi neutralisées. Face à l'obstacle, les voitures porteuses avaient fait demi-tour… pour rentrer en collision avec deux camions du GIGN, placés sur leur trajet de repli.

La sensibilité de l'opération reposait sur la capacité à neutraliser momentanément le flux de circulation pour éviter d'exposer les usagers de l'autoroute. Ce qui fut réalisé, avec la création d'un faux bouchon à l'arrière du dispositif, grâce à trois poids lourds de 38 tonnes.

Un des quatre occupants des véhicules porteurs qui tentait de s'échapper avait été stoppé par un chien d'assaut du GIGN, hélitreuillé depuis un hélicoptère de la gendarmerie.

Pour réussir cette opération, une centaine de gendarmes et de douaniers, deux hélicoptères, des dizaines de véhicules et des moyens matériels considérables avaient été nécessaires. Il avait fallu aussi des semaines d'attente, afin d'être prêts à réagir au moment choisi par les trafiquants pour engager leur convoi de transport de drogue.

Cette opération avait permis la saisie de 1,3 tonne de résine de cannabis d'une valeur marchande de plusieurs millions d'euros.

Si tous les jeunes ne sont pas des trafiquants, et si tous ne sont pas capables de prendre des risques mortels – comme c'est le cas dans les opérations de go fast –, tous, cependant, ont besoin de retrouver des valeurs qui donnent sens à leur vie ; tous ont besoin qu'on leur propose des enjeux pour leur avenir qui leur fasse envisager leur existence sans désespoir.

Pour atteindre cet objectif – dont l'ambition paraît aujourd'hui démesurée, compte tenu de la situation très dégradée à laquelle nous devons faire face –, il faut un cadre, une organisation cohérente, des structures stables et bien pilotées.

La vocation des institutions chargées des jeunes en précarité est double : prendre en compte et traiter ceux qui sont déjà engagés dans la spirale de l'échec, de la marginalisation, et mettre en œuvre une politique réaliste de lutte contre la délinquance des mineurs.

Le premier objectif est de combattre les causes qui conduisent ces jeunes à l'impasse : l'absence des parents, le décrochage scolaire, le manque d'accompagnement des auteurs d'incivilités, l'abandon moral, l'oisiveté. Nous ne disposons pas aujourd'hui des moyens adaptés pour faire face à cette population de jeunes, déjà bien ancrés dans la déviance, et qui vont inexorablement sombrer dans la délinquance.

Des dispositifs existent pour accompagner ces jeunes, parfois défavorisés, et leur éviter de franchir la ligne qui conduit à l'échec : les internats d'excellence sont une formule remarquable ; les Écoles de la deuxième chance en sont une autre. Il existe dix-huit Établissements publics d'insertion de la défense (EPIDE) qui accueillent environ 3 000 jeunes de dix-huit à vingt-cinq ans, sur le principe du volontariat. La vocation de ces institutions est de permettre à ces enfants inadaptés d'acquérir les comportements sociaux les habilitant à trouver un emploi. La capacité d'accueil de ces établissements est trop limitée, mais le résultat est au rendez-vous.

Ce qui fait encore défaut, c'est une structure alternative pour ceux qui ont entre douze et seize ans, proposant une solution lorsque les premières mesures d'assistance éducative ont échoué. Avec un impératif : les sortir de leur milieu habituel, leur offrir un projet de vie dans un système d'encadrement visant à leur insertion dans la vie sociale. Cet outil reste à inventer.

La mise en œuvre de centres d'éducation par le travail pourrait être une solution adaptée. Elle nécessiterait des éducateurs expérimentés. Une solution, inspirée d'une expérience malencontreusement arrêtée en 2003, « Jeunes en équipe de travail », mériterait d'être creusée.

En ce qui concerne l'encadrement, nombre de jeunes retraités serait, sans aucun doute, très heureux de participer à de tels projets, pour peu qu'ils soient pris en charge et valorisés sous une forme ou sous une autre.

Le deuxième objectif est celui du traitement de la délinquance des mineurs. Cette question est cruciale car elle engage l'avenir. En ce domaine, aucune politique pénale digne de ce nom n'a été mise en place par les autorités publiques depuis très longtemps. Or, la cohérence de l'action de l'État doit se décliner jusqu'au substitut du procureur de la République, dans le tribunal de grande instance le plus éloigné de Paris.

Laisser des comportements déviants de jeunes, parfois âgés de moins de dix ans, sans réponse appropriée constitue une faute très grave. Et cette carence ne date pas d'hier.

Il y a quinze ans déjà, alors que je dirigeais les gendarmes du département de Vaucluse, je me souviens avoir indiqué au préfet du département que le taux de mineurs, auteurs des atteintes aux biens et aux personnes, avait atteint un niveau inquiétant. Qu'il fallait réagir. La situation s'est aggravée depuis. Les petits délinquants mineurs sont de plus en plus jeunes ; 20 % des affaires élucidées sont le fait de mineurs. En prenant en compte les chiffres qui n'entrent pas dans les statistiques pour diverses raisons (absence de preuve, vice de procédure, confusion des affaires), la part prise par lesdits mineurs est évaluée à environ 30 % des délits commis. Ce constat était déjà établi en 2012 par l'INSEE, qui indiquait une augmentation du nombre des délinquants de 70 % en dix ans dans cette tranche d'âge.

Je ne parle même pas des outre-mer où aujourd'hui, dans certaines zones (à Mayotte, en Guyane, aux Antilles), la part des mineurs dans les agressions et les délits d'appropriation est supérieure à 50 %.

Les structures d'accueil pour jeunes délinquants et jeunes condamnés ne sont pas suffisantes. Et pourtant, souvent, nous assistons à la mobilisation d'associations de citoyens ou à la rédaction de pétitions par la population pour contester la construction de centres éducatifs fermés sur leur commune. Franchement, cela relève de l'irresponsabilité.

Naturellement, l'incarcération pour les jeunes mineurs doit rester exceptionnelle. Cependant, entre cette extrémité et la quasi-inaction, il existe des solutions possibles. Elles nécessitent, en particulier, la constitution, au sein de la justice, d'une structure d'assistance mise en place à tous les échelons des institutions compétentes : allant de la protection judiciaire de la jeunesse au parquet de mineurs, aux juges pour enfants et enfin aux associations diverses financées par l'argent public. Un haut magistrat devrait être chargé de piloter cette chaîne articulée avec le ministère de la Ville, de la Jeunesse et des Sports.

C'est un enjeu considérable car l'inadaptation des réponses actuelles contribue à maintenir des milliers de jeunes dans leur comportement déviant, sans leur donner la possibilité de revenir vers une norme sociale acceptable. Ils constituent, de manière irréversible, le vivier de ceux qui fréquenteront assidûment les brigades de gendarmerie, les commissariats de police, les palais de justice et les établissements pénitentiaires pour les cinquante ans à venir.

Il est clair que, pour donner des repères à des jeunes entre douze et dix-huit ans, les moyens et les méthodes à déployer ne relèvent pas de l'angélisme. Un accompagnement ferme, des règles strictes, un encadrement hors du milieu habituel seraient les bases nécessaires à un début de réinsertion. Plus ces jeunes sont pris en charge tôt, meilleurs sont les résultats. Or bien souvent la réaction de fermeté intervient trop tard. Il convient de les sortir très tôt du milieu dans lequel ils évoluent.

Contrairement aux idées reçues, les parents seront les premiers à approuver ces mesures de fermeté et d'éloignement. Ces institutions d'un genre nouveau seraient aussi un outil de rescolarisation de cette population qui, souvent, a abandonné précocement l'école. On lui offrirait ainsi une possibilité, aux abords de la majorité, de s'insérer efficacement dans la vie active.

Un autre sujet, complémentaire du précédent, fait débat : la nécessité d'un service national rénové.

En effet, depuis vingt ans, la suspension de la conscription a induit des effets sociaux et sociétaux qui n'avaient pas été totalement mesurés à l'époque. Cette décision a été prise hâtivement par l'exécutif, sans préparation approfondie, comme toutes les annonces à effets que le politique souhaite produire sur l'opinion publique.

Le rapport du 23 mai 1996, produit par Philippe Séguin, alors président de l'Assemblée nationale, souligne les carences de la démarche du gouvernement, l'absence d'un débat de fond sur le service national et le curieux oubli d'une réelle consultation du Parlement.

Cette décision intervient une année après l'élection de Jacques Chirac à la présidence de la République. Elle a pour conséquence la professionnalisation des armées dont le coût n'avait pas vraiment été mesuré. Et surtout, elle supprime le seul moment où des jeunes Français de toutes origines sociales, géographiques, confessionnelles, idéologiques se rencontraient et partageaient quelques mois de vie collective. Moments d'échanges, de confrontations individuelles, mais également, pour certains, de première rencontre avec les règles, les ordres, la discipline, la vie en collectivité. Pour d'autres, c'était la découverte de la politesse, de la ponctualité, et parfois de l'hygiène. Rite de passage entre l'enfance, passée sous la protection familiale, et la vie d'adulte, avec l'entrée dans la carrière professionnelle, c'était pour quelques-uns l'opportunité de se mettre à niveau au plan scolaire et de passer certains diplômes. Le permis de conduire notamment. C'était enfin l'opportunité de découvrir véritablement la diversité, l'occasion de passer outre les différences de couleur de peau, de culture, de religion, et de gommer les idées reçues et les fossés qui existent lorsqu'on a peur de l'autre parce qu'on ne le connaît pas.

Malgré les défauts identifiés du service militaire, il permettait ce brassage, même imparfait. Des liens se tissaient, au-delà de ces différences apparentes, autour d'une même idée, celle de la défense de nos valeurs communes.

Cette suppression précipitée illustre parfaitement une tendance qu'a l'institution politique de choisir une mesure susceptible de marquer fortement l'opinion publique, plutôt que de s'attaquer courageusement à une réforme de fond.

Il est vrai que le service national était devenu totalement inégalitaire, avec un système d'exemption et d'affectations qui favorisait ceux qui pouvaient faire jouer leurs relations. Il fallait refonder et réformer cette institution utile au lieu de l'abolir purement et simplement. Les manques laissés par la perte de cette structure collective, la seule qui rassemblait toute la jeunesse de France, se font aujourd'hui cruellement sentir.

L'opinion publique est favorable à l'idée d'instaurer un service national rénové, et cette idée semble affleurer au plan politique.

Un service de quelques mois au profit de la collectivité qui ne saurait être facultatif, mais obligatoire. Qui devrait être réfléchi bien sûr, en évaluant les modalités de mise en œuvre, sachant que, pour trancher sur un sujet aussi important en termes de cohésion sociale, seul l'intérêt de la nation est à prendre en compte. Si ces quelques mois sont, par exemple, assortis de la préparation et du passage des épreuves du permis de conduire, plusieurs difficultés sont résolues en même temps. Ils peuvent également être mis à profit pour combler quelques lacunes scolaires et faire un bilan afin de mieux affronter le monde du travail. Ils peuvent inclure des activités de plein air et de contribution à l'entretien des espaces communs : forêts, rivières, bords de mer, restauration du patrimoine.

Il ne s'agirait pas d'une adaptation du service civique actuel dont la conception ne correspond pas aux objectifs à atteindre : celui-ci ne favorise ni le brassage social ni l'apprentissage de certaines règles et notions nécessaires pour aborder la vie professionnelle.

Naturellement, n'en déplaise aux nostalgiques, le ministère de la Défense ne pourrait pas supporter cet effort. Ses ressources budgétaires ne le permettraient pas.

Surtout, cet ambitieux projet différerait dans sa finalité de celui auquel il a été mis fin il y a vingt ans : il s'agirait désormais, avant tout, d'une question de cohésion sociale et non de défense nationale.

La réalisation d'un tel projet dépasserait largement les clivages politiques, et sa mise en œuvre nécessiterait une forte mobilisation nationale qui ne souffrirait pas les petites querelles politiques habituelles.

Ce projet, positif et très ambitieux, disons-le, ne résoudrait pas toutes les difficultés auxquelles nous sommes confrontés aujourd'hui en termes de cohésion, mais sa plus-value serait significative.

Afin de donner assise et légitimité à ce vaste chantier, une consultation nationale pourrait être envisagée. Ce ne serait pas un référendum en tant que tel, mais une consultation. C'est-à-dire que tout citoyen ayant plus de seize ans révolus, titulaire d'une pièce d'identité, pourrait venir répondre à la question dans des lieux préalablement définis.

En l'espèce, voilà une manifestation de vie démocratique avec la participation de toutes celles et tous ceux qui pourraient être concernés. Cela donnerait, accessoirement, une idée de la capacité de mobilisation de l'ensemble de la population et un des premiers signaux de la volonté populaire favorable à un renouveau de la cohésion sociale.

4

De la cohésion à l'atomisation

26 novembre 2013, place Beauvau

Ce soir-là, sont réunis autour du directeur de cabinet de Manuel Valls, le ministre de l'Intérieur, tous les préfets de Bretagne, le directeur général de la police nationale, le directeur général de la gendarmerie nationale et leurs plus proches collaborateurs. Le sujet du jour : valider le dispositif général mis en place pour faire face à la manifestation des Bonnets rouges prévue à Carhaix le 30 novembre. Près de 40 000 manifestants sont attendus.

Le mouvement des Bonnets rouges vient de faire son apparition sur la scène politique. En octobre 2013, une vague de protestation s'est soulevée. Un de ces vastes mouvements qui cristallisent des revendications diverses : la violente réaction des chauffeurs de poids lourds bretons contre les mesures fiscales relatives à la pollution provoquée par les véhicules transportant des marchandises, mais aussi la rage des travailleurs de l'agroalimentaire contre les nombreux plans sociaux qui les privent de leurs moyens de subsistance. Cette mobilisation massive pour l'emploi et contre l'écotaxe déstabilise le gouvernement, car le mouvement est encadré par des responsables d'entreprises et rassemble aussi les marins, les ouvriers et les paysans. C'est très rare, en Bretagne surtout. Les revendications sociales sont fortes face à la fermeture des entreprises agroalimentaires et maritimes, les agriculteurs pointent de la fourche la « dictature écolo » et les contraintes administratives.

Le slogan phare du mouvement « Vivre, décider, travailler en Bretagne » vient en ligne directe d'un slogan utilisé par le PC dans les années 1970 « Vivre, décider, travailler au pays, votez communiste ». Le mouvement a donc ses racines dans l'histoire des grands mouvements ouvriers qui ont accompagné la naissance du prolétariat en France. Christian Troadec, un des idéologues du mouvement, précise qu'il récuse « la haine et le rejet de l'autre », afin d'écarter toute récupération par l'extrême droite. Selon lui, « le FN est un poison pour la Bretagne, et être Bonnet rouge c'est un antidote au FN ».

Le bonnet rouge a été choisi comme symbole du mouvement, en référence à une révolte populaire contre les taxes en Bretagne au XVIIe siècle (1675).

Le 28 octobre, lors de l'assaut contre le portique écotaxe de Pont-de-Buis, dans le Finistère, un manifestant a eu la main arrachée en ramassant une grenade lancée par les forces de l'ordre. Trois manifestations consécutives, dirigées contre ce portique, ont eu lieu les 14, 21 et 28 octobre. Quatre jours plus tard, le 1er novembre, le gouvernement décide de démonter le portique pour calmer les manifestants et afin que le trafic soit rétabli sur l'axe Brest-Quimper.

Depuis, l'agitation n'a pas cessé : actions violentes contre les forces de l'ordre, dégradation des portiques destinés à la mise en œuvre de l'écotaxe, destruction des radars automatiques de contrôle de vitesse.

Les gendarmes sont sur le pont, la mobilisation est à son maximum. Mes contacts quotidiens avec le général commandant la région de gendarmerie de Bretagne me permettent d'affiner la stratégie et de suivre les actions en temps réel.

Ça explose de partout, et nos moyens ne nous permettent pas de tenir le terrain vingt-quatre heures sur vingt-quatre. Il faut protéger les portiques et les radars. La multiplicité des sites (plusieurs dizaines de portiques et plusieurs centaines de radars) est un véritable casse-tête. La pression politique que nous mettent les conseillers des cabinets est insupportable.

Cette réunion technique à Beauvau permet de valider le volume, le déploiement et l'emploi des forces sur le territoire de la Bretagne. La manœuvre technique est confiée au général commandant la région, sous l'autorité du préfet.

C'est aussi l'occasion pour moi d'avoir des échanges personnels avec les différents préfets sur l'évolution de la crise. Nous sommes tous d'accord : nous avons affaire à des jusqu'au-boutistes. Certains sont inquiets pour leur avenir, mais le gros des troupes est formé de mécontents de tous bords, dont les intérêts sont disparates, et qui ont trouvé dans le mouvement des Bonnets rouges une tribune pour s'exprimer et se défouler. Les comptes rendus quotidiens, le profil des personnes identifiées ou interpellées pour violences et dégradations nous le confirment. Les poursuites pénales sont quasi inexistantes. C'est une réalité incontestable mais qui ne décourage pas les gendarmes sur le terrain.

Une fois calmée la grande effervescence, le mouvement se structure sous forme de collectifs et de comités locaux.

La braise après les flammes.

Cet épisode montre bien le lent processus qui mène à l'atomisation sociale. La société française apparaît de plus en plus segmentée. Elle est organisée en couches, en strates et en microcosmes qui coexistent et ne se rencontrent pas toujours. On peut citer entre autres : le milieu des médias, celui de l'entreprise, celui du monde associatif, celui du syndicalisme, celui des ouvriers, celui des cadres, celui des habitants des cités, celui des quartiers résidentiels, le monde militaire, le monde de l'Éducation nationale, le monde politique. Chacun de ces univers a ses codes, ses modes de fonctionnement, sa propre dynamique, et organise ses relations avec les autres « mondes » à l'aune de ses propres règles. Il y a en réalité peu de passerelles et de transversalité entre ces différents microcosmes, ce qui augmente la complexité de la vie sociale.

Cette segmentation de la société s'observe également dans les nouveaux mouvements de contestation qui se mobilisent de façon éphémère sur un sujet ou un thème précis, et pas toujours de manière construite.

Certes, la France est traditionnellement un pays de contestation, mais au lieu d'être organisée, constructive, positive, la contestation devient chaque jour plus agressive, plus inorganisée, plus destructrice.

Depuis quelques années fleurissent des groupes structurés autour de thèmes spécifiques : après les Bonnets rouges, particulièrement violents, dont les revendications portaient sur la pression fiscale, notamment l'écotaxe, sont venus les Bonnets verts qui contestent l'augmentation de la TVA sur le prix des transports.

Un bestiaire de la contestation est né.

Les Pigeons protestent contre la taxation des revenus du capital autant que ceux du travail. Les Moutons sont des patrons, soutenus par la Confédération générale des petites et moyennes entreprises (CGPME), qui n'acceptent pas l'augmentation des prélèvements sociaux sur les travailleurs indépendants. Les Dindons ont connu plusieurs versions : celle des enseignants qui contestaient la refondation de l'école et s'opposaient à la réforme des rythmes scolaires, celle des contribuables contre les suppressions d'exonération d'impôts sur les emplois à domicile et enfin celle des frontaliers qui contestaient les modalités de cotisation pour la Sécurité sociale. Les Poussins ont rassemblé des autoentrepreneurs dont l'objectif était de lutter contre la limitation dans le temps de leur statut. Les Abeilles, enfin, sont un rassemblement de courtiers en assurances, mobilisés contre un projet de loi de financement de la Sécu dont une disposition menace plusieurs milliers d'emplois.

Cette contestation ciblée et parfois violente est le signe que notre société évolue vers une sectorisation à outrance : les seuls sujets de rassemblement possibles demeurent ponctuels et ne sont pas toujours d'intérêt général. Cela prouve également que les objectifs exprimés par les mouvements de contestation ne sont pas couverts par les modes de revendication traditionnels que sont les syndicats.

En dernière analyse, ce ne sont pas les idées et les projets qui mobilisent les énergies, mais plutôt les intérêts individuels et catégoriels.

Ces nouveaux modes de contestation confirment la segmentation de la société. Celle-ci se manifeste encore par la communautarisation, un phénomène à la fois parallèle et imbriqué. Cela fait vingt-cinq ans que nos responsables politiques laissent dériver toutes les manifestations du communautarisme dans notre pays, par manque de vision et souvent de courage. C'est une illustration supplémentaire de la gouvernance par consensus qui finit par diviser la société au lieu de la conforter.

Au-delà de la vie publique, se manifestent une multitude de réactions sur des sujets de vie quotidienne. Pris isolément les uns des autres, ils peuvent paraître sans importance et sans lendemain. Pourtant, lorsqu'ils sont évalués dans leur ensemble, ils révèlent un mouvement de fond dont l'ampleur n'est pas véritablement mesurée.

De ce point de vue, le rôle des médias se révèle très important.

Ces mouvements divers accréditent la thèse de l'incapacité du système à réguler ses dysfonctionnements et accélèrent le rejet global de toute la structure sociale par les Français. Il en existe dans tous les domaines.

L'un d'entre eux, par exemple, concerne le dernier mouvement des chauffeurs de taxis. Ceux-ci veulent protéger leur secteur d'activité. Devant la contradiction flagrante entre les intérêts sectoriels et ceux des consommateurs, face à la rigidité de la réglementation, sous la pression des grandes compagnies, c'est le Conseil constitutionnel qui prend position. La question de la dérégulation est au cœur du débat. Et l'affaire, traitée comme un conflit social, dégénère immanquablement. Sur ce sujet, on peut observer que la loi Thévenoud, la plus récente « relative aux taxis et aux voitures de transport avec chauffeur », porte le nom d'un parlementaire dont le comportement n'a pas été, dans un passé récent, particulièrement exemplaire. Ce conflit qui a paralysé Paris et plusieurs villes de province au début de l'année 2016, après plusieurs mois d'atermoiements, est emblématique de l'incapacité des pouvoirs publics à traiter un sujet en remettant l'ensemble du dossier en perspective pour déboucher sur des décisions de fond qui soient pérennes

Une infinité de petits événements manifestent ce décalage entre la règle et l'intérêt des citoyens. Ainsi, deux microsujets ont récemment attiré l'attention de l'opinion publique. Ils sont naturellement anecdotiques mais révélateurs de dysfonctionnements difficilement acceptables.

Le cas de ce boulanger des Landes, à la tête d'une entreprise de quinze personnes, contraint de fermer son établissement un jour par semaine en vertu d'un arrêté préfectoral. Les difficultés de ce petit entrepreneur à faire face à ses obligations rendent ce jour de fermeture obligatoire dangereux pour la santé de son entreprise. Il existe encore dans notre pays des règlements totalement inadéquats et une administration suffisamment aveugle pour les mettre en œuvre sans en évaluer la pertinence et l'actualité.

Un autre exemple de détail concerne cette commune de l'Aude qui a vu son dernier café fermer il y a quelques années. Risquant de perdre sa licence IV en raison d'une réglementation anachronique, la commune a été contrainte de créer un bar éphémère pour conserver cette licence, symbole d'activité et de vie sociale.

Les exemples de cette nature fleurissent partout en France, loin du microcosme parisien. Cette accumulation d'anachronismes et de dysfonctionnements sur fond de désintérêt pour le politique produit des effets durables sur l'opinion publique.

Ces questions sont au cœur de la vie de la gendarmerie puisque c'est aux brigades que les autorités demandent de veiller à l'application de telles normes. Comment faire lorsque la règle est décalée, inutile et contraire au bon sens le plus élémentaire ? Pour les gendarmes, c'est un sujet d'autant plus délicat qu'elle s'applique à des citoyens ou des élus qu'ils côtoient dans les associations sportives, de parents d'élèves ou autres.

Ce ne sont que des détails pris ici ou là, mais ils sont révélateurs d'un mode de fonctionnement inadapté dont le pays s'est accommodé jusqu'ici.

Le temps de la résignation collective ne durera pas éternellement.

En tout cas, cette réalité peut être mise en perspective avec la prétention de l'État à améliorer le fonctionnement quotidien. Depuis vingt ans, des fonctionnaires sont nommés dans des instances dont le nom fluctue et qui traitent de la simplification administrative et de la modernisation ou de la réforme de l'État. Depuis le temps, tout devrait être limpide et l'État d'une modernité exemplaire… et pourtant !

La vraie difficulté de notre pays réside dans le décalage qui existe entre la vision du gouvernement et de l'administration centrale, et la réalité à laquelle les Français sont confrontés au quotidien. Ce décalage a toujours existé et ne disparaîtra jamais. Cependant, il appartient au législateur et à l'exécutif de mettre en place les lois et des directives appropriées, pour faire coïncider le système avec la vie réelle des citoyens. Aux fonctionnaires de les mettre en œuvre.

Un autre élément d'appréciation sur la segmentation de la société concerne les traditions françaises de recrutement dans la majorité des grandes entreprises. Elles sont la chasse gardée de certaines grandes écoles. Il suffit d'observer l'origine des cadres qui dirigent ces entreprises : le constat est saisissant sur l'endorecrutement et la culture dominante du milieu des affaires en France.

Il est clair que cela repose en partie sur les exigences conceptuelles et les compétences techniques garanties par certaines formations, mais cette exclusivité culturelle n'est souvent justifiée que par un esprit de « caste » ou une solidarité intergénérationnelle.

Cette endogamie de fait présente, certes, des avantages. Mais la diversité en comporte également. Tous ces prés carrés, toutes ces chapelles sont la base de notre déplorable tendance au manque d'ouverture sur le reste du monde et au repli sur soi.

L'entreprise, elle-même au cœur de la vie économique, est un enjeu considérable : il n'est plus possible qu'elle soit en permanence le terrain d'affrontements. L'harmonie et la sérénité devraient être la règle pour permettre de préserver les établissements de production qui sont les plus puissants générateurs d'emplois et de richesses.

La mondialisation ne favorise pas toujours cette vision et la concurrence des pays émergents continuera de fragiliser les outils de production.

Par sa politique économique, l'État ne peut plus continuer à favoriser la fuite des industries ou des sièges sociaux à l'étranger. Les responsables publics ne doivent plus assister, impuissants, à l'exode de tous ces jeunes Français qui souhaitent entreprendre et choisissent pour cela de s'expatrier.

Il y a peu, le Premier ministre Manuel Valls envisageait des mesures pour faire en sorte que cette génération d'entrepreneurs qui ont réussi revienne en France. C'est tout à fait louable, mais les premières mesures à mettre en œuvre seraient celles qui inciteraient les jeunes talents à rester en France. Pour l'heure, ayant eu l'opportunité d'échanger avec quelques-uns de ces jeunes entrepreneurs expatriés, j'ai pu constater qu'ils n'avaient aucune intention de revenir définitivement en France. Ils adorent leur pays et sont ravis d'y retourner voir leur famille et d'y passer des vacances. Mais beaucoup avouent que, au bout de quinze jours, ils sont heureux de repartir pour retrouver leur espace de liberté d'entreprise là où ils se sont installés.

En 2014, l'École polytechnique féminine effectuait une enquête sur les trente dernières promotions ; 90 % des questionnés confiaient que s'ils avaient un conseil à donner aux jeunes générations, ce serait de monter un projet ou une entreprise à l'étranger.

Constat saisissant qui révèle un malaise profond et dont on attendrait au moins une prise de conscience génératrice d'actions concrètes.

Voilà des effets de l'atomisation qui pourraient conduire au délitement progressif de notre pacte social.

En toute logique, pour atteindre la cohésion sociale, le lien entre les différentes composantes de la société doit être assuré et favorisé par l'État. C'est à lui qu'il revient de concevoir et de proposer un projet partagé par tous. Il n'est pas certain que cette ambition éclaire notre vie publique. Et l'État en est-il capable ? Pour le moment, nous ne pouvons qu'en faire le constat : la Ve République, aujourd'hui, est minée par des dysfonctionnements internes et par un manque de vision globale lié aux exigences à court terme des échéances électorales.

Favorisées par les nouvelles formes de contestations non maîtrisées, les difficultés sont traitées au fur et à mesure que les problèmes se présentent. Le mode de traitement est toujours celui de la crise, et 80 % des cas se résolvent par des concessions dont les autres catégories « spectatrices » se prévaudront tôt ou tard. Cette « course à l'échalote » fait naître des tensions, des disparités, et sépare davantage les citoyens qui n'ont plus grand-chose en commun – hormis l'idée, pas toujours très claire, d'être français.

La cohésion sociale ne peut reposer que sur un pacte dans lequel chacun se reconnaît. Existe-t-il aujourd'hui ?

Nous ne disposons d'aucun projet de société et notre destin commun ne s'exprime plus publiquement. Hormis les compétitions sportives, qui ponctuellement galvanisent la fierté d'être français, il n'existe aucune perspective collective susceptible d'enthousiasmer. Ces moments rares font trop souvent l'objet d'une récupération politique. L'impuissance des responsables de l'État à fédérer autour d'un vrai projet de société tend à se manifester dans cet empressement bien trop médiatisé des hommes politiques de tous bords à fréquenter les événements sportifs populaires. Inconsciemment, ils cherchent à s'approprier ces moments, ou tout au moins à associer leur image aux seuls événements qui, peu ou prou, rassemblent les citoyens de tous horizons. Rien n'existe aujourd'hui, en dehors des stades, qui serait rassembleur et porteur de sens.

La cohésion sociale ne s'achète pas, elle ne se décide pas. Elle se construit. En l'état actuel, nous en sommes réduits à contempler les vestiges du temps révolu. Mais peut-on édifier un pays solide sur les vestiges du passé ?

Le mot « ensemble », trop souvent galvaudé par la politique et les slogans, n'a plus aucun sens pour la majorité des Français. C'est un terme dont le contenu et la portée doivent retrouver une réalité. Mais l'état actuel des valeurs de notre société le permettra-t-il ?

Le seul moment récent où notre pays s'est rassemblé autour d'une idée simple, celle de la défense de la liberté d'expression, fut de bien courte durée. Le carnage qui a ensanglanté le journal *Charlie Hebdo* a fait l'objet d'une récupération politique plutôt maladroite. C'est une illustration de plus que l'exploitation politicienne d'événements souvent disparates porte le germe de la discorde, de la polémique souvent stérile, et aggrave l'atomisation de la société.

Cela illustre également les risques de faire des écrans de télévision la principale scène politique.

5

Les risques de la média-politique

9 octobre 2013

Leonarda Dibrani, une jeune Kosovare de quinze ans, élève en classe de troisième au lycée André-Malraux de Pontarlier, est récupérée sur un parking par une patrouille de la compagnie de gendarmerie de la ville lors d'une sortie scolaire. La veille, le père, Rom sans papiers, a été renvoyé au Kosovo. Les autres membres de la famille Dibrani, la mère et cinq de ses six enfants, ont été pris en charge par la police qui les a assignés à résidence à Levier dans le Doubs. Toute la famille sera expulsée de France dans les heures qui suivent. Leonarda doit être réunie à ses frères et sœurs.

Les gendarmes ne montent pas dans l'autocar. Ce sont les enseignantes qui accompagnent la jeune fille vers la patrouille, dans un climat apaisé. Toutes les précautions sont prises pour que cette intervention soit anodine pour les autres enfants présents.

Vendredi 11 octobre

Le cabinet du ministre de l'Intérieur demande à la direction des Opérations et de l'Emploi que je dirige des explications sur les conditions dans lesquelles l'action de cette patrouille a été effectuée. Disposant des éléments précis des conditions d'intervention de la gendarmerie, je reste serein. Le ministre est dûment informé.

La semaine suivante, la polémique éclate. La machine s'emballe et personne ne maîtrise plus rien. La réaction des médias est déclenchée par une lettre des « enseignants du collège André-Malraux et du lycée Toussaint-Louverture » sur le blog du Réseau éducation sans frontières (RESF) hébergé par Mediapart. Cette publication décrit la prise en charge de la jeune fille par les gendarmes comme s'étant déroulée sous les yeux de ses camarades de classe dans l'autocar. C'est une description fausse des faits. La jeune fille a quitté le car en toute discrétion et ses camarades ne se sont rendu compte de rien. Elle a été remise aux gendarmes par une enseignante à l'abri des regards et tout s'est déroulé avec une grande humanité.

Pourtant, les réactions partisanes continuent.

Plusieurs personnalités politiques du PS et du Parti de gauche français, notamment, parlent de « rafle ». Ainsi, la sénatrice Esther Benbassa d'Europe Écologie Les Verts : « Moi qui pensais que la France n'avait pas perdu la mémoire de sa sombre histoire, j'étais loin d'imaginer qu'en 2013, en tant que parlementaire, élue du peuple, je serais témoin d'une rafle... » Les mots n'ont plus aucun sens. Quel manque de retenue de la part de parlementaires qui n'hésitent pas à utiliser des événements historiques douloureux, appartenant à un passé hélas trop récent, à des fins politiques.

Sans revenir sur le fond de l'affaire, l'expulsion de cette famille, qui aurait dû avoir lieu depuis plusieurs mois, a mis en exergue la manipulation partisane de faits divers par certains mouvements et associations.

Essayer de regrouper tous les enfants, pour que cette famille rejoigne son pays d'origine au complet, relevait d'une démarche plutôt humaniste. Elle a été présentée comme une atteinte à l'univers scolaire. La récupération politique d'une association pas très bien intentionnée et l'exploitation médiatique ont fait le reste.

Au total, tous les services de l'État qui ont accompli leur travail dans le respect de leur déontologie ont été mis en demeure de se justifier, et le ministre de l'Intérieur de l'époque lui-même, Manuel Valls, a été contraint d'écourter, le 18 octobre, son déplacement en Guadeloupe. Le président de la République est intervenu dans ce débat avec des éléments pas très consolidés. À la suite de cette intervention, on a pu entendre haut et fort la voix de ceux qui ont toujours quelque chose à dire lorsqu'une règle est appliquée, de ceux qui, en manifestant leur désaccord, ont le sentiment d'exister et de se remettre dans la course.

Résultat final : une impression de cacophonie, de désordre et de non-respect des règles par les services de l'État.

L'implication des plus hauts responsables du pays dans des faits divers exploités et présentés par des groupes de pression comme des faits graves « portant atteinte à des principes » (qui en réalité n'en sont pas) devient une habitude désastreuse.

Ce cas particulier, que j'ai pu vivre en direct, montre bien comment l'action politique peut se transformer en querelles stériles. Les responsables se sentent souvent acculés à des renoncements face à la pression de la rue et à des annonces péremptoires, très médiatisées et rarement suivies d'effets.

Aujourd'hui, qu'est-ce qui compte vraiment ?

Faire en sorte que l'opinion publique soit favorable et que la cote de popularité des uns et des autres ne soit pas trop affectée par la conduite des affaires publiques et des décisions prises.

Lorsque certaines décisions s'annoncent trop défavorables ou qu'elles cristallisent une situation qui pourrait dégénérer, un retour en arrière ne pose aucune difficulté. Cela signifie qu'elles n'ont pas été bien préparées en amont et que les avantages, les inconvénients et les risques potentiels n'ont pas été objectivement et lucidement mesurés.

Ce qui est le plus difficile à admettre, lorsqu'on est en position d'observer les décisions à haut niveau, c'est la facilité avec laquelle les hommes politiques renoncent à des enjeux parfois cruciaux et pleinement justifiés à long terme, pour un coup politique ou une annonce dont le gain et l'intérêt n'excéderont pas quarante-huit heures. Une multitude de technocrates aux dents longues trouveront toujours l'angle d'attaque pour présenter la chose comme une décision particulièrement opportune. Naturellement, le système produit des serviteurs zélés qui justifieront, sans état d'âme, une décision dont ils savent qu'elle est inadaptée et produira des effets négatifs à moyen ou long terme.

Gouverner avec, en permanence, le souci du « coup politique » qui permet de briller ou qui compense un échec, voilà la vraie nature de l'action de politique politicienne aujourd'hui. Sans oublier l'obsession de préserver l'image des principaux acteurs aux manettes de l'État. Les reculs face aux menaces et aux réactions de la rue sont devenus la réalité quotidienne. Cela relève d'une démarche contestable qui illustre les excès auxquels peut conduire la recherche de voix électorales.

Enfin, la tendance permanente à l'exploitation politique de tout événement, quel qu'il soit et si minime soit-il, s'amplifie. La surréaction des gouvernants depuis une quinzaine d'années est patente et pose la question du recul qu'un responsable des affaires publiques devrait avoir au regard de l'événement.

La gestion de l'immédiat est incompatible avec le nécessaire recul qui s'impose pour traiter les questions de fond et rester au niveau stratégique.

La vision et la poursuite du cap fixé sur le long terme ne sont pas compatibles avec le traitement direct de l'événement.

Le pouvoir politique ne devrait pas en permanence prendre position sur des sujets secondaires, de nature à le décrédibiliser. La tendance à profiter de toute occasion pour marquer des points et essayer de capitaliser une bonne image dans l'opinion publique est une conception de la politique peu en rapport avec les enjeux auxquels le pays doit faire face. Elle reste dangereuse et contre-productive.

Enfin, cette conception de la politique-spectacle qui consiste à surfer sur la crête de la vague, à exploiter l'émotion du bon peuple, à fabriquer du drame avec le moindre incident pour essayer de se maintenir ou de se remettre dans la course révèle la grande pauvreté de la vie publique. Ce réflexe permanent de surmédiatisation de la vie politique conduit à des excès et à une saturation de l'opinion publique.

La médiatisation concerne trop souvent des faux débats d'idées, des questions secondaires ou des polémiques inutiles. Faire de la politique essentiellement à travers les médias est un poison pour la démocratie.

Enfin, privilégier des annonces politiques sur des sujets secondaires, voire de détail, fait désormais manifestement partie d'une certaine stratégie. Lors du dernier quinquennat, le bouclier fiscal en fut un exemple, et, désormais, le prélèvement à la source en est un autre. Ces questions anecdotiques cachent une difficulté bien plus importante qui est la remise à plat des principes mêmes et de la conception de la fiscalité.

Les exemples de même nature sont nombreux. Ces mesures ont toujours une part de démagogie plus ou moins prononcée et éloignent l'action politique de l'intérêt général. Elles se veulent emblématiques, mais elles ne répondent qu'à une logique électoraliste. Elles génèrent finalement plus de problèmes qu'elles n'apportent de solutions. En revanche, elles ont toujours un point commun notable, celui de l'effet boomerang, et leurs auteurs gagent qu'il sera encaissé par d'autres.

Lorsque Jean-Marc Ayrault renonce au relèvement annoncé du taux des prélèvements sur les produits d'épargne (PEL, CEL), ce renoncement peut paraître justifié, mais il laisse songeur sur le sérieux de la préparation de la mesure proposée par son gouvernement. De même que le recul sur l'écotaxe face au mouvement des Bonnets rouges indique simplement que cette mesure, qui aurait eu sa raison d'être, avait été préparée sans aucune concertation. Même scénario pour le Contrat Première Embauche que le Premier ministre Dominique de Villepin avait essayé d'imposer en avril 2006. Les étudiants, suivis par les syndicats et les partis politiques de gauche, avaient forcé au retrait de ce projet que personne n'avait pris la peine d'expliquer ni aux futurs embauchés ni aux travailleurs du pays.

Dans la pratique de l'action politique, l'intérêt général est une notion malheureusement très souvent absente des comportements et des décisions, alors même que cette notion devrait constituer le véritable moteur de ladite action. Les citoyens sont les témoins de cette dérive.

L'intérêt général ne sera jamais la somme des intérêts particuliers, il n'est pas non plus la *vox populi* et encore moins la posture qui favorisera les résultats aux prochaines élections.

Les choix qui favorisent l'amélioration et le progrès, en faisant régner l'équilibre et l'harmonie pour le plus grand nombre, ceux qui préservent les intérêts du pays, peuvent être qualifiés d'intérêt général. Or, depuis un certain nombre d'années, beaucoup de décisions ont été prises, des lois ont été votées dans un esprit peu conforme à cette conception, somme toute, basique.

En ce domaine, une seule illustration suffit : la répartition des services de l'État sur le territoire national devrait obéir à une logique d'efficience conforme aux besoins du terrain. Celle-ci est toujours présentée de cette manière depuis vingt-cinq ans par ceux qui portent ces réformes. Or, en pratique, les motivations qui président aux décisions de suppression de tel tribunal, de tel hôpital, tel commissariat ou brigade de gendarmerie n'ont souvent aucun rapport avec la logique et le pragmatisme.

Seules prévalent des considérations politiques qui prennent notamment en compte l'appartenance des élus à un parti. C'est l'occasion de conforter un élu en difficulté ou d'en déstabiliser un autre qui fait partie de l'opposition.

Ce fut le cas lorsque quinze escadrons de gendarmerie furent dissous entre les années 2008 et 2011. Toutes les propositions techniques qui avaient été faites en prenant en compte l'éloignement des lieux d'emploi, le délabrement des logements des gendarmes, furent balayées par des considérations politiques qui privilégiaient des unités dans des villes tenues par l'opposition. Quelques cas emblématiques mirent la gendarmerie en difficulté : comment expliquer, par exemple, la dissolution d'un escadron, dans le sud de la France, dont les locaux venaient d'être livrés quelques années auparavant ?

Tant que les responsables politiques prendront leurs décisions en fonction de la réaction supposée de l'opinion publique avec, en fond de tableau, des visées soit électorales, soit de préservation d'avantages catégoriels, l'intérêt du pays sera toujours malmené et le résultat toujours médiocre.

L'action politique est devenue la « quasi-propriété » d'une certaine population dont la diversité n'est pas assurée en dehors des partis. Ce fait acquis pose une interrogation majeure et devrait provoquer un questionnement collectif. La reproduction de modèles dont l'inefficacité est établie est désormais érigée en règle absolue. Cela ne contribue pas à modifier le cours des choses.

Pourquoi des chefs d'entreprise, des cadres du privé ne souhaitent-ils pas exercer de responsabilités dans la cité ? Pourquoi ne se sentent-ils pas attirés pas la gestion des affaires publiques ? Lorsqu'ils s'engagent dans cette voie, le parcours est semé de chausse-trappes et d'embûches dont ils ne se remettent pas, sauf en rentrant dans le « système ».

Lorsqu'une réponse collective, pragmatique et partagée aura été apportée à cette question, une partie des difficultés de la vie publique du pays sera réglée. De la même manière, une autre question se pose aujourd'hui : celle du fonctionnement de notre administration.

6

Le syndrome de l'apprenti sorcier

Mercredi 6 octobre 2010

Quatre associations représentant les Roms et les gens du voyage portent plainte auprès du procureur de Paris. Une affaire vient de naître. Ces associations prétendent que la gendarmerie détient illégalement un fichier recensant les délinquants appartenant à la communauté du voyage. Ce sera le début d'une longue polémique.

L'Office central de lutte contre la délinquance itinérante (OCLDI) est très directement mis en cause. Je viens de prendre mes fonctions d'adjoint au directeur des ressources humaines de la gendarmerie et cette mise en cause provoque une onde de choc au sein de l'institution. Les réseaux sociaux internes s'agitent, les personnels s'insurgent contre les accusations dont ils sont l'objet, eux qui s'investissent parfois au détriment de leur vie personnelle pour assurer la sécurité des Français.

Au milieu des années 1990, la gendarmerie prend l'initiative de créer une cellule chargée de la lutte contre la délinquance itinérante. C'est en 2004, à partir de cette cellule qu'est créé cet OCLDI, qui répond aux exigences de la lutte sur le terrain contre une forme de délinquance particulièrement difficile à maîtriser. Il a pour objet de traiter les affaires complexes imputables aux délinquants à forte mobilité, c'est-à-dire qui sont capables de perpétrer des raids – nocturnes notamment – au cours desquels des cambriolages peuvent être commis dans des lieux distants de plusieurs centaines de kilomètres.

Ce mode d'action est objectivement le fait de gens du voyage. Pour pouvoir bénéficier d'un suivi et d'un historique des déplacements et des agissements d'un certain nombre de membres de cette communauté, des fichiers de travail ont été constitués. C'était une base de documents permettant de lutter efficacement contre ce type de délinquance.

Ces fichiers de travail n'avaient évidemment pas fait l'objet de déclaration, mais leur compilation pouvait être assimilée à une base documentaire. C'est ce que n'a pas manqué de relever la Commission nationale de l'informatique et des libertés (CNIL). Cet organisme a observé en outre, dans ces données, l'utilisation de l'appellation de « Roms » considérée comme discriminatoire.

Ces données n'étaient pas à proprement parler un fichier au sens juridique du terme, mais l'OCLDI n'était pas en conformité complète avec la réglementation. L'exploitation politique et médiatique de cette situation, résultant du seul pragmatisme des enquêteurs, a laissé planer le doute sur les motivations et les pratiques de l'Office.

Notre équipe de direction essaie de faire face, mais la mobilisation de certaines associations et les prises de position de personnalités politiques qui profitent de la situation pour se mettre en valeur compliquent l'affaire.

Pour une institution chargée de faire appliquer la loi, se trouver en position d'accusée n'est guère confortable.

Après une enquête de la CNIL, la polémique se terminera, le 13 octobre 2011, par l'audition du directeur général de la gendarmerie, Jacques Mignaux, devant la commission des lois. Naturellement, aucune des accusations ne sera confirmée. Le rôle central de la CNIL dans cette polémique est décisif. Elle a manifesté au début une défiance évidente, mais son rapport final a fait toute la lumière sur l'affaire et a apaisé l'ambiance.

Tout de suite après cette période d'agitation, il est devenu incroyablement compliqué de travailler efficacement, même si le dispositif de contrôle, la traçabilité des fichiers et de leurs utilisateurs dans la gendarmerie constituent un modèle du genre.

La CNIL est l'une des nombreuses Autorités administratives indépendantes (AAI) qui existent dans notre pays. Elle rend régulièrement des avis et est consultée sur des textes de loi qui pèsent lourdement sur la législation, notamment en ce qui concerne la gendarmerie.

Préserver les droits des citoyens dans tous les dispositifs et fichiers informatiques est absolument fondamental. Mais il faut éviter que les avis et les décisions prises pour les protéger ne paralysent les services qui n'ont parfois pour lutter contre la criminalité que l'exploitation de fichiers. C'est un équilibre à trouver car, souvent, les bonnes intentions ont des effets contre-productifs. Le dialogue peut être difficile. Les services amenés à exploiter des fichiers sont souvent injustement soupçonnés et doivent en permanence justifier de leurs bonnes intentions. J'ai eu à vivre cette situation, vis-à-vis de la CNIL, comme directeur des Opérations, à propos de quelques-uns de leurs rapports qui mettaient en cause la bonne foi de la gendarmerie.

La CNIL s'inscrit depuis toujours dans une culture de la crainte du « big brother ». Elle ne fait pas de distinction entre les fichiers nationaux – pour lesquels on peut comprendre qu'il faille de sérieuses garanties, notamment en termes de traçabilité – et des applications locales qui permettent aux enquêteurs de travailler efficacement. Elle n'a jamais su hiérarchiser ses exigences au regard du caractère potentiellement dangereux des fichiers pour les libertés publiques.

Par ailleurs, la suspicion permanente vis-à-vis des fichiers dits « de police » a conduit à un système de déclaration en déconnexion totale avec les attentes du politique. En effet, le politique exige des services de sécurité des résultats rapides. Or les services de l'État sont soumis à des règles beaucoup plus draconiennes que dans le privé. C'est surprenant car certains de ses fichiers peuvent être très sensibles (celui des cartes bleues par exemple).

À cet égard, l'article 26 de la loi « informatique et libertés » transforme en véritable parcours du combattant tout projet de fichier évoquant des questions liées à l'ethnie, à la religion, à la politique, à la santé, notamment. Or, ces informations sont parfois nécessaires, soit pour les fichiers de renseignement, soit pour les fichiers relatifs à la délinquance ou au terrorisme.

Entre le moment où la décision politique est prise de s'attaquer à tel type de criminalité et le moment où le fichier nécessaire est déclaré (décret publié au *Journal officiel*), il se passera au mieux un an, en règle générale, plutôt deux ans.

Un exemple à la limite de l'absurde : le décret qui a permis à l'Office central de lutte contre la délinquance itinérante, objet du scandale du pseudo-fichier des gens du voyage, de bénéficier d'une base de données autorisée est paru, au *Journal officiel*, fin 2013. Il aura donc fallu trois ans entre le ministère de l'Intérieur, la CNIL et le Conseil d'État pour parvenir à une situation juridiquement stabilisée.

Il est absolument nécessaire d'instaurer une procédure simplifiée pour les fichiers opérationnels qui permette le travail efficace de la police et de la gendarmerie.

En 2009, sous la pression conjuguée des politiques, de la CNIL et de certains groupes de pression, la gendarmerie a été contrainte de détruire en urgence son fichier alphabétique, dans toutes ses unités de France. Cette destruction précipitée a provoqué une rupture très préjudiciable dans la mémoire de l'institution dont les effets ne sont pas mesurables. Personne ne peut dire aujourd'hui combien de nos actuels djihadistes figuraient dans ces fichiers…

Pour la police, la disparition de certains fichiers a causé les mêmes effets.

Celui des ex-Renseignements généraux en est un autre exemple.

Lors des attentats de début 2015 contre la rédaction de *Charlie Hebdo*, le pouvoir politique souhaitait disposer d'informations qui n'existaient plus par suite de la destruction de fichiers. Le pragmatisme de certains fonctionnaires a permis de répondre à quelques-unes des demandes. Bizarrement, personne n'a posé de questions sur l'origine des informations.

Aujourd'hui, les prescriptions et les refus de la CNIL pour les demandes effectuées par les services de sécurité sont tels que leur efficacité en est affectée. L'exploitation ou le croisement de certains fichiers d'auteurs de crimes et délits avec des fichiers administratifs de type impôts, par exemple, est rendue impossible, compte tenu des restrictions mises en place. Cet état de choses est regrettable, car de très nombreux délinquants passent ainsi entre les mailles du filet. Parfois, les policiers et les gendarmes se posent la question sur la vraie raison de ces refus... Nos partenaires européens ne se mettent pas autant de contraintes et ils peuvent travailler beaucoup plus sereinement. Pour autant, ces pays – la Grande-Bretagne, l'Allemagne, l'Espagne – ne peuvent pas être considérés comme non respectueux des droits de l'homme et des libertés publiques.

Cette situation illustre le dogmatisme et les rigidités dus à une mauvaise interprétation des principes qui fondent notre démocratie. De manière très étrange, aucune discussion n'est possible sans que ceux qui se prétendent détenteurs de l'orthodoxie excipent immédiatement des dangers que feraient courir des pratiques certes encadrées mais plus souples.

Naturellement, les garde-fous sont indispensables et les règles doivent être incontournables, mais le pragmatisme ou la simple recherche d'efficacité imposent de sortir du dogmatisme intransigeant que nous subissons depuis de nombreuses années. C'est la cohérence de l'action de l'État qui se joue. Le manque de réaction des autorités publiques sur des positions prises par la CNIL suscite des interrogations.

L'exemple de la CNIL n'est pas isolé.

Elle appartient à une catégorie d'organismes à la construction juridique bancale, constituée essentiellement par les Autorités administratives indépendantes.

La France est dotée, encore aujourd'hui, de manière plutôt empirique, de moyens de contrôler ou de réguler l'action publique. D'autres pays européens (la Suède et le Royaume-Uni) sont historiquement des précurseurs en la matière, mais en beaucoup plus pragmatiques et en moins dogmatiques.

Deux grands domaines d'action sont dévolus aux AAI : la régulation des activités économiques et la défense des libertés publiques.

Le portail du gouvernement propose une définition de ces structures très particulières : il s'agit d'« institutions de l'État, chargées en son nom d'assurer la régulation de secteurs considérés comme essentiels et pour lesquels le gouvernement veut éviter d'intervenir trop directement ».

Une sérieuse ambiguïté surgit dès la première phrase, et une interrogation se pose à propos de l'expression « d'intervenir trop directement ».

Comment la définir précisément ? Cette déclaration permet de mesurer le flou qui préside à l'action de ces autorités et leur relation avec le pouvoir exécutif dont elles émanent. Le portail du gouvernement poursuit : « Catégorie juridique relativement nouvelle car, contrairement à la tradition administrative française, elles ne sont pas soumises à l'autorité hiérarchique d'un ministre. »

Nouveau défi en termes de compréhension : elles ne sont donc contrôlées par personne, au nom de cette indépendance qui semble être devenue la qualité principale de l'action de trop d'entités administratives.

Cette deuxième ambiguïté dans la référence à la tradition administrative française – qui n'est pas respectée – est doublée d'une entorse à l'esprit de l'article 20 de la Constitution qui stipule que le gouvernement dispose de l'Administration pour agir.

Ces AAI sont donc placées en dehors des structures administratives traditionnelles et ne sont soumises à aucun contrôle hiérarchique. Les pouvoirs publics ne peuvent pas leur adresser d'ordres, de consignes ou même de simples conseils, et leurs membres ne sont pas révocables.

Le foisonnement de ces AAI – qui sont au nombre de 43 – a fait l'objet de plusieurs rapports parlementaires.

Le premier d'entre eux, en 2010, met en évidence des questions de fond et certaines anomalies : les AAI ne bénéficient d'aucun statut juridique clair, en particulier pour ce qui concerne leur création. Leur légitimité est reconnue à la fois par le Conseil constitutionnel et le Conseil d'État, mais leur assise juridique n'est pas assurée et nécessite à l'évidence une clarification.

Une remarque liminaire des parlementaires mérite d'être citée, car elle révèle une grande lucidité :

« Les justifications de la création des AAI sont multiples : impartialité, directives européennes, régulation, médiation en équité, pouvoir de sanction, professionnalisme, réactivité, souplesse, association des parties prenantes… Cependant, il s'agit parfois de pallier l'inefficacité de l'Administration ou un manque de courage politique ("un problème, une commission"), voire de procéder à une simple opération de communication. » En effet, leur création obéit généralement à la volonté d'échapper aux soupçons de subjectivité qui pourraient naître d'une administration dépendante de l'exécutif.

Pour celles qui traitent de la régulation de la vie économique, les AAI apparaissent comme une réponse mieux adaptée et plus réactive qu'une administration trop souvent impuissante et lente. En d'autres termes, notre administration n'est pas capable d'autocontrôle, et, lorsqu'un problème de fond se fait jour, la création d'une entité indépendante est censée régler la difficulté.

La deuxième question soulevée par les parlementaires est tout aussi alarmante : elle concerne la nomination des responsables et le contrôle de ces AAI. La procédure de nomination et l'autorité qui procède à la désignation des candidats aux différents postes à l'intérieur de ces structures diffèrent d'une autorité administrative à l'autre. Il peut s'agir du président de la République, du Premier ministre, et des différents ministres, en fonction de la matière : Budget, Économie, Culture… Parfois, certaines nominations sont faites par décret en Conseil des ministres. Autant de configurations qui méritent une harmonisation. Par ailleurs, un tel mode de désignation peut paraître opposé à la vertu d'indépendance censée présider aux activités de ces instances.

Ces opportunités de désignation sont aussi l'occasion, comme pour beaucoup d'autres nominations, de donner la préférence à ceux qui méritent une reconnaissance. Les motifs de cette reconnaissance sont multiples et parfois éloignés des critères qui s'accordent avec la transparence et le véritable mérite.

Une des conclusions des députés signataires du rapport est la suivante :

« Force est de constater, en le regrettant, que notre Assemblée n'a pas été en mesure, jusqu'alors, d'assurer pleinement son rôle légitimement prééminent dans un régime démocratique. » Étrange aveu d'impuissance venant de membres de l'Assemblée nationale, mais ceux-ci souhaitent, à juste titre, une implication dans le processus de désignation, et surtout une possibilité de saisir et de contrôler ces autorités. C'est dire le constat plutôt mitigé qui ressort de ce rapport.

À la suite de ce premier rapport parlementaire, des regroupements ont été effectués au sein de la constellation des AAI. Cette évolution constitue un progrès, à n'en pas douter, à condition que les modalités d'exercice de ces autorités soient parfaitement bien définies.

C'est le cas du Défenseur des droits qui a réuni le Médiateur de la République, le Défenseur des enfants, la Haute Autorité pour la lutte contre les discriminations et pour l'égalité (HALDE) et la Commission nationale de déontologie de la sécurité (CNDS).

Un second rapport parlementaire fait le point des regroupements récents dans un document remis au Sénat le 11 juin 2014. Il observe une amélioration dans certains domaines, en particulier celui des nominations, mais il met en exergue l'apparition d'une nouvelle catégorie d'autorité, les API : Autorités publiques indépendantes, qui disposent de la personnalité morale, ce qui complexifie davantage le paysage, alors même que le statut juridique des AAI n'est toujours pas consolidé.

Manifestement, la production de deux très sérieux rapports parlementaires ne suffit pas à infléchir les mauvaises tendances de la vie politique et administrative de notre pays.

Cela revient au syndrome de Beckett évoqué par le député Christian Vanneste.

Il se réfère au syndrome de « l'apprenti sorcier », qui ne contrôle plus ses créatures. Celles-ci – les AAI – en viendraient à limiter le pouvoir de leur créateur (autorités exécutives et législatives). Investies d'une mission, elles en feraient trop et outrepasseraient leurs responsabilités. C'est le sens d'un certain nombre de témoignages recueillis par les rapporteurs.

Même si les objectifs des AAI sont louables, leurs méthodes peuvent mettre en difficulté l'exécution de missions capitales pour notre pays, en l'occurrence pour la sécurité des citoyens. On comprend que les élus et les responsables du pays éprouvent parfois un étrange sentiment d'impuissance lorsque certaines positions de principe sont adoptées par des AAI. Ils ne peuvent rien pour pallier ces prises de position, au motif qu'il s'agit du choix fait par une autorité indépendante.

Il faut refuser le caractère inéluctable de ces décisions. Ceux qui sont en charge des affaires publiques n'ont pas à s'y plier aveuglément. Se laisser imposer des normes ou des décisions à cause d'une pseudo-indépendance peut se révéler contraire à l'intérêt général. C'est parfois le cas de la CNIL déjà évoqué.

Dans un État moderne et démocratique, il ne peut y avoir d'autorités indépendantes qui produisent des décisions ou des pratiques jurisprudentielles au gré des convictions des présidents ou des membres de ces autorités. C'est courir le risque de rendre l'action de l'État illisible et incohérente.

Il n'existe, sur ces AAI, aucun contrôle du Parlement et aucun suivi de l'exécutif. Les décisions, directives ou conseils qu'elles émettent ne peuvent faire l'objet d'aucun recours. C'est une situation fondamentalement contraire aux principes démocratiques et déontologiquement anormale.

Elle confirme la nécessité de repenser le fonctionnement de ces entités qui pèsent sur la vie économique et sociale.

En réalité, les autorités administratives indépendantes sont la parfaite illustration de l'incapacité politique à réformer et à contrôler l'Administration. Elles sont la résurgence d'un vieux réflexe jacobin qui consiste à créer une instance insoupçonnable pour régler les difficultés de fonctionnement de la vie publique ou économique.

En ce qui concerne les autorités chargées de traiter les cas relatifs aux libertés publiques (CNIL et Défenseur des droits notamment), une dérive potentielle mérite d'être signalée : ces institutions risquent à tout moment de fonctionner de manière autonome, déconnectées de la réalité et des besoins de notre société.

Préserver les libertés individuelles, telle est donc la tâche essentielle confiée à certaines de ces autorités. Elle se justifie, à condition qu'elle ne prive pas la société des outils permettant de protéger les victimes et de mettre les délinquants et les criminels hors d'état de nuire.

Il n'est pas question ici de porter un jugement sur les fonctionnaires qui servent dans ces entités. Ils ne sont nullement en cause, et la grande majorité d'entre eux méritent une grande considération.

Ces 43 AAI représentent officiellement 4 338 personnels et un budget aux alentours de 700 millions d'euros.

Il est justifié de penser que ces autorités de régulation doivent être contrôlées par le Parlement. Certes, il se conçoit qu'elles bénéficient d'une nécessaire garantie d'autonomie, mais leur existence et leur statut doivent être stabilisés dans notre ordonnancement juridique. Leur action doit être davantage encadrée pour éviter le risque de dérives par des saisines, des avis et des recommandations qui ne s'inscriraient pas dans la stratégie générale de l'action publique. Une telle démarche relève de la cohérence de l'action de l'État dans laquelle le rôle de chacun doit être clairement défini.

Le syndrome de l'apprenti sorcier est à l'œuvre dans la vie de notre pays, non seulement par les bizarreries administratives mais dans le rôle que l'État prétend jouer dans tous les domaines. Paradoxalement, si l'État français organise une vraie distance avec certaines instances administratives, il joue un rôle important et direct dans l'économie en qualité d'entrepreneur. Il exerce même une réelle ingérence dans la vie de certaines entreprises. Il assume des responsabilités d'actionnaire ou de tutelle pour les Établissements publics à caractère industriel et commercial (EPIC) et les entreprises dans lesquelles il possède des actions.

Ce rôle n'est pas bien connu. Il concerne 73 entreprises, dont certaines cotées en Bourse, et 700 autres de manière indirecte. Leur chiffre d'affaires cumulé était de 145 milliards d'euros en 2013. Et les effectifs de ces entreprises représentaient 1,7 million de salariés.

Ces activités sont gérées par l'Agence des participations de l'État (APE), créée depuis 2004. Jusqu'à il y a peu, cette agence était chargée du suivi des bilans, de la mise en œuvre des décisions de l'exécutif (cessions, fusions, acquisitions, prises de participation, ouverture de capital), de la valorisation du patrimoine et de l'augmentation de la valeur des entreprises.

Les entreprises les plus connues supervisées par l'APE sont : Aéroports de Paris, EDF, Areva, Safran, Thales, La Poste, GDF Suez, Renault, France Télévisions, CNP Assurances, Air France, Airbus, PSA, La Française des jeux, Charbonnages de France, Orange, SNCF, Dexia.

En revanche, la stratégie de l'État en qualité d'actionnaire de ces entreprises n'a jamais été pilotée de manière organisée et transparente.

C'est précisément le cas dans le domaine de la gouvernance des entreprises, dont la nomination des dirigeants constitue un élément intéressant à observer.

Le manque de transparence dans les résultats et les décisions prises révèle un malaise assez sérieux relevé par la Cour des comptes.

Qui prend réellement les décisions en dehors de quelques technocrates de Bercy ? Quel est le contrôle exercé par le Parlement ?

Quelle est la stratégie de l'État sur l'emploi des dividendes (5,4 milliards d'euros en 2014) que rapportent toutes ces entreprises ?

Le plus inquiétant est l'ingérence de l'exécutif sur des décisions internes aux entreprises. Un exemple récent suffit pour illustrer ces dérives uniquement motivées par le fait du Prince et par des considérations politiciennes. C'est le cas de la société Ecomouv' dont la constitution puis la disparition concernent plusieurs gouvernements de la majorité et de l'opposition. Ecomouv' était un consortium franco-italien détenu à 70 % par « Autostrade per l'Italia », société privée appartenant au groupe Benetton qui gère les autoroutes italiennes et autrichiennes. Les 30 % restants étaient partagés entre la société Thales qui détenait 11 % du capital, la SNCF avec sa filiale Geodis, 10 %, la SFR, 6 % et Steria 3 %.

La décision de participation des deux entités, Thales, dont l'État est actionnaire à hauteur de 26 %, et la SNCF, qui est un EPIC, a été imposée par l'exécutif. La SNCF, en particulier, a été contrainte par le gouvernement d'assumer la part qui lui revenait dans les quelque 2 milliards d'investissement initial.

Par ailleurs, lors de la décision d'annulation du contrat, qui aura coûté près d'un milliard d'euros aux contribuables français, la SNCF a été sommée par l'exécutif de reprendre une partie des personnels d'Ecomouv' licenciés dans l'est de la France.

Ces interventions directes ne sont pas raisonnables.

Il s'agit d'un mélange des genres tout à fait malsain, extrêmement répandu dans les entreprises où l'État est partie prenante. Il n'est pas utile de rentrer dans le détail des pressions amicales qui s'exercent au sein des conseils d'administration de ces sociétés, sans parler des engagements « moraux » entre le gouvernement et les dirigeants.

Lorsque les méthodes du gouvernement actionnaire s'apparentent à celles que nous reprochons à certains pays dans lesquels il existe apparemment un déficit de démocratie, cela devrait inciter les responsables politiques de notre pays à un minimum de modestie et de transparence. Elles sont en outre aux antipodes de la posture et des pratiques vis-à-vis des Autorités administratives indépendantes.

L'APE annonce dans son rapport annuel 2014 que les dividendes annuels de près de 5 milliards d'euros permettent de « couvrir près de 40 % des crédits ouverts dans le budget au titre de la mission Travail et Emploi ou 5,4 % de la masse salariale de l'État ». Il précise également que près de 3 milliards de cessions ont été réalisées. Cela donne pour 2014 près de 8 milliards d'euros à la disposition de l'État pour structurer des actions et des priorités politiques et économiques.

Cela donne également une idée de la part que prend l'État dans la vie économique en qualité d'acteur et d'entrepreneur.

Dans le courant de l'année 2015, Bercy a annoncé une prise de participation chez Renault de plus d'un milliard d'euros, portant ainsi son engagement dans l'entreprise à près de 20 %.

L'utilisation de 8 milliards d'euros de ressources financières, la décision d'investir plus d'un milliard d'euros dans une entreprise sont autant d'actes importants et significatifs décidés dans le silence des cabinets.

Depuis dix ans, date de la création de l'APE, aucune autorité politique, aucun comité de pilotage n'évalue ou ne formalise ces projets, aucune instance n'en valide les axes stratégiques. Il n'existe pas de véritable transparence dans ces décisions qui pèsent sur les choix budgétaires de l'État. Ces choix sont effectués dans la plus grande discrétion. Il serait plus utile de communiquer sur ces questions que d'étaler publiquement les querelles politiciennes qui encombrent les médias.

Un seul exemple suffit à illustrer l'absence de cohérence des décisions de l'État actionnaire : récemment, une polémique est née entre l'État et les sociétés concessionnaires d'autoroutes sur les tarifs pratiqués. Le gouvernement a été contraint de reculer devant la détermination des sociétés d'autoroutes. On peut observer que l'État, dans un domaine aussi sensible, n'a aucune participation dans ces sociétés. On pourrait qualifier ce fait d'erreur majeure. En cette matière, les sociétés concessionnaires jouissent d'une grande indépendance. Voilà un cas où une participation de l'État dans le capital serait judicieuse, ne serait-ce que pour peser sur certaines orientations (la politique tarifaire, par exemple).

En réalité, quelques années auparavant, au début des années 2000 très précisément, dans ce secteur stratégique des sociétés d'autoroutes, l'État s'est progressivement désengagé. Ce mouvement a commencé en 2002, date à laquelle il a cédé 49 % de ses participations dans la société des Autoroutes du Sud de la France (ASF). Il s'est poursuivi en 2004 par la vente des participations de l'État dans la Société des Autoroutes du Nord et de l'Est de la France (SANEF) et dans la Société des Autoroutes Paris Rhin Rhône (SAPRR), et s'est achevé en 2006. Il s'est traduit concrètement, dans une période où l'exploitation des autoroutes commençait à devenir rentable, par la prise de contrôle des ASF par Vinci, celui du réseau de la SANEF par le groupe Eiffage associé au fonds australien Macquarie et celui de la SAPRR par le groupe autoroutier espagnol Albertis.

Cette « pseudo-stratégie », mise en œuvre par des décisions successives, prises par des gouvernements différents, n'a jamais été validée par un comité de pilotage *ad hoc* sous le contrôle de la Cour des comptes. S'agissant d'un secteur stratégique, les intérêts à long terme de notre pays n'ont manifestement pas été bien évalués. Mieux encore, la Cour des comptes a relevé, dans un rapport qui a suivi cette cession, un certain nombre de questions qui laissent perplexe sur le bien-fondé et les conditions de ces cessions successives.

Incontestablement, la présence de l'État en qualité d'actionnaire majeur aurait pesé sur la politique tarifaire des sociétés d'autoroutes qui a fait l'actualité récemment et a consacré l'incapacité de l'exécutif à infléchir la tendance.

Le choix initié en 2002 s'avère lourd de conséquences pour la politique des transports routiers dans notre pays. La déficience de gouvernance a laissé l'État sans moyen d'action sur les sociétés d'autoroutes et donc sur les choix en matière d'infrastructures. Le pouvoir exécutif n'en a pour autant tiré aucune conclusion.

Voilà des sujets importants avec des effets de levier sur la politique économique qui ne font l'objet d'aucune véritable stratégie. La situation catastrophique d'Areva, dont l'État possède 83 % des parts et qui cumule près de 5 milliards de pertes, l'a démontré récemment. Ne parlons pas de Dexia dont la faillite a coûté en 2012, selon la Coui des comptes, au bas mot 6 milliards d'euros à l'État français.

Cet aspect particulier de l'État actionnaire reflète la nature de son action en tant que régulateur de la vie économique et de la vie des entreprises. En clair, l'exécutif se comporte globalement avec l'ensemble des entreprises françaises exactement comme il se comporte avec celles dans lesquelles il dispose de participations. Cette conception est l'héritage de la reconstruction entreprise à l'issue du deuxième conflit mondial. L'État en a été l'acteur majeur, et l'idéologie qui était la sienne à cette époque n'est plus en rapport avec les enjeux et le contexte économique mondialisé d'aujourd'hui.

Ces décisions aberrantes en matière de gestion d'entreprises importantes sont préparées par des fonctionnaires et validées par des membres de l'exécutif dont les connaissances en matière économique sont généralement limitées. Bien souvent, leur expérience des entreprises est soit inexistante, soit un vieux souvenir, insuffisante pour éclairer des choix pertinents.

Il est temps de sortir de cette ambiguïté et de faire de l'État un acteur averti de la vie économique.

Cela impose un dispositif de pilotage, des professionnels compétents et des instances de contrôle technique et politique.

Au plan politique, le Parlement doit être au premier plan pour valider les choix. Au plan technique, la Cour des comptes doit suivre les opérations en temps réel car le contrôle *a posteriori* ne semble pas pertinent pour des opérations de cette envergure.

L'État cumule des fonctions qui ne sont pas toujours compatibles entre elles, et cette confusion mène parfois au mélange des genres. Outre le déficit d'expertise en matière économique, les modes de gouvernance ne sont pas stabilisés et l'opacité qui en résulte nuit gravement à la lisibilité et à la cohérence des prises de décision.

L'État français n'a pas encore atteint la maturité qui lui permettrait de se libérer des influences dirigistes et des carcans hérités d'une conception économique et administrative datant de la fin de la dernière guerre mondiale.

La gestion de tous ces paradoxes n'est pas assurée. Notre société est ainsi maintenue dans une situation instable qui contribue à fragiliser nos équilibres sociaux.

C'est en cela qu'il est capital d'arrêter cette politique d'apprenti sorcier qui dure depuis près de cinquante ans.

7

Un système de représentation de plus en plus contesté : syndicats et partis politiques

La France a été confrontée à plusieurs reprises à la Cour européenne des droits de l'homme (CEDH) au sujet du droit d'association dans les armées.

Le 2 octobre 2014, la CEDH rend public un premier arrêt suite à la plainte déposée par un officier de gendarmerie qui avait fondé sur Internet un forum de discussion s'appuyant sur une association dénommée Gendarmes et Citoyens.

Cet officier avait été contraint par sa hiérarchie de démissionner de cette association dont il était le vice-président. Saisie, la CEDH a désavoué l'État français en indiquant que l'interdiction du droit d'association à caractère professionnel était contraire à l'article 11 de la Convention européenne des droits de l'homme.

Un deuxième arrêt concerne une association dénommée ADEFDROMIL (Association de défense des droits des militaires), créée en 2001 par deux militaires, un capitaine et un major. L'objet statutaire de cette association : « l'étude et la défense des droits, des intérêts matériels, professionnels et moraux, collectifs ou individuels », et la revendication du droit d'aller en justice pour les militaires.

Ces deux arrêts vont dans le même sens, la reconnaissance du droit d'association pour les militaires, mais avec des restrictions, compte tenu du statut des forces armées et des sujétions qui s'y rattachent.

Ils mettent notre pays en état d'accusation : la France viole l'article 11 de la Convention européenne des droits de l'homme en interdisant « de manière générale et absolue » les syndicats dans les armées. L'arrêt est assorti d'un délai pour se mettre en règle. Ce délai déclenche une certaine fébrilité.

À l'hôtel de Brienne, c'est l'émoi, même si le cabinet civil du ministre de la Défense s'attendait plus ou moins à cette conclusion. Dans l'ensemble, les états-majors des différentes armées reçoivent la nouvelle comme un véritable coup de tonnerre. Dans les rangs de la gendarmerie, il semble y avoir peu de réactions, pour ce que je ressens des personnels affectés outre-mer que je commande depuis un mois.

En revanche, une certaine inquiétude se fait jour, car il existe déjà un dispositif original au sein de l'institution qui permet la représentation de ses membres auprès des chefs de tous niveaux. Ces instances de représentation et de concertation ont trouvé leur place. Elles expriment, la plupart du temps très librement, les difficultés et les aspirations des personnels auprès des autorités compétentes. Cet arrêt de la CEDH fragilise une structure qui existe depuis 2010 et qui jusque-là donne entière satisfaction.

Cette structure, appelée Instances de représentation et de participation (IRP), permet aux personnels militaires de la gendarmerie d'élire des représentants pour défendre leurs intérêts à la fois au plan local et au plan national. Il faut donc désormais, en plus des IRP, autoriser une sorte de syndicat adapté aux armées. Mais sous quelle forme ? Et dès lors quel sera l'avenir des IRP ?

Un éminent conseiller d'État est chargé par le président de la République, chef des armées, de formuler des propositions. Il s'agit de Bernard Pêcheur, fin connaisseur des questions militaires. En quelques semaines, avec la contribution des armées et de la gendarmerie, cet expert avisé rend un rapport très équilibré.

Ce document, témoignant d'une grande sagesse, préserve la spécificité du milieu militaire et introduit des restrictions pour les futures « associations professionnelles nationales militaires » : pas de droit de grève, pas de droit de retrait, et un champ de compétences réduit au regard de la pratique syndicale habituelle en France.

En réalité, il faut impérativement pour les armées et la gendarmerie éviter le syndicalisme tel qu'il se pratique habituellement dans notre pays.

En effet, la gendarmerie le vit au quotidien depuis son arrivée au ministère de l'Intérieur : les visées des organisations syndicales vers les militaires sont prégnantes. Ces derniers constituent avant tout un réservoir, une population dans laquelle les syndicats pourront recruter davantage d'adhérents et grossir leurs rangs. Elle n'ont, en fait, qu'un seul but : augmenter leur poids relatif face au pouvoir en place.

Hormis l'aspect numérique, les militaires n'intéressent pas les organisations syndicales.

Par essence, le mode de fonctionnement des syndicats traditionnels français n'est compatible ni avec le maintien de la cohésion ni avec les exigences du niveau opérationnel des forces armées. Gendarmerie comprise.

À ce jour, le système de dialogue interne dans les armées et la gendarmerie des IRP permet une concertation dans des conditions acceptables. On peut, certes, toujours améliorer les choses, mais cette tendance à vouloir uniformiser la représentation des personnels – selon un schéma dont chacun connaît les failles – est déraisonnable. Les associations professionnelles nationales militaires apporteront probablement peu de plus-value au système. Et force est de constater que l'appétence des militaires est très faible en ce qui concerne les revendications collectives.

En réalité, il n'y a jamais eu de demande de syndicats dans les forces armées, hormis parmi quelques déçus ou des professionnels de la contestation qui ne sont pas représentatifs.

Les propositions faites par la commission Pêcheur au président de la République vont manifestement préserver l'identité militaire et la cohérence des forces armées, en écartant tout lien possible avec les confédérations syndicales existantes.

C'est à mon sens une excellente attitude, respectueuse de l'avenir, car se pose aujourd'hui avec acuité la question du fonctionnement et du financement des syndicats « classiques » dans notre pays.

L'existence des syndicats peut être considérée, potentiellement, comme une chance, mais ne sont-ils pas frappés du même mal que les mouvements politiques ?

On sait que les organisations syndicales sont absolument fondamentales pour la régulation sociale dans un pays moderne, mais elles occupent aujourd'hui en France une place disproportionnée par rapport à leur représentativité.

En effet, elles ne peuvent se prévaloir que d'un nombre extrêmement réduit d'adhérents. En 2014, moins de 8 % de la population salariée était syndiquée en France. La plus forte proportion de syndicalisation se trouve dans la fonction publique. Elle y est trois fois supérieure (15 %) à celle des entreprises (5 %). Or la qualité du dialogue et de la concertation repose en grande partie sur la représentativité de ceux qui traitent au plan national avec la puissance publique, mais cette représentativité a été quelque peu dénaturée au cours des soixante dernières années, pendant lesquelles, entre 1950 et aujourd'hui, le nombre de personnes syndiquées est passé de 30 % à moins de 8 %.

Alors : les organisations syndicales réduites à cette portion portent-elles vraiment les attentes et les souhaits de la majorité des salariés et des fonctionnaires ? On peut raisonnablement en douter

Un aspect important du syndicalisme à la française mérite d'être abordé, celui de son coût pour la collectivité.

Ces questions sont évoquées dans un rapport parlementaire, le rapport « Perruchot », rendu en 2011, qui est le fruit d'une enquête approfondie et d'un travail objectif. Fait unique dans l'histoire de la Ve République, il n'a jamais été publié. Il est cependant disponible sur la Toile. On comprend mal la discrétion qui entoure un document d'une telle valeur.

Ce rapport met en lumière un certain nombre de pratiques qui révèlent une conception du syndicalisme décalée au regard des exigences de transparence d'une démocratie moderne.

L'exercice d'évaluation des coûts, bien que périlleux et malgré l'opacité de certaines informations, a été mené à son terme. Ces coûts s'avèrent considérables aux plans humain et financier. Quel que soit le secteur – public ou privé –, les représentants syndicaux sont très nombreux.

La réglementation permet à ceux qui sont élus de bénéficier d'un certain nombre de facilités : des autorisations spéciales d'absence, des décharges partielles ou totales d'activités de service (c'est-à-dire que, au lieu de travailler pour la fonction publique ou pour les entreprises, les permanents syndicaux exercent une activité syndicale à temps partiel ou à temps plein).

Pour ce qui concerne la fonction publique, le directeur général de l'Administration et de la Fonction publique (DGAFP) estimait en 2011 que 50 000 agents exerçaient un mandat syndical. À partir de ces données et sur la base de deux cents jours travaillés par an, les moyens humains accordés à l'exercice du droit syndical dans la fonction publique se situent aux alentours de 14 000 fonctionnaires – rémunérés par l'État uniquement pour exercer leur action syndicale. Ces chiffres, compte tenu de la résistance de certains ministères (selon le DGAFP) à répondre aux demandes de sa direction, constituent un plancher. D'après des calculs raisonnables, il est établi qu'en France, au sein des trois fonctions publiques, la réalité se situe à plus du double, à savoir environ 30 000 fonctionnaires, payés par le contribuable, uniquement pour exercer une activité syndicale. La palme revient au ministère de l'Éducation nationale pour des raisons de volume.

Pour ce qui concerne les entreprises, selon le rapport Perruchot, la situation est la même. On dénombre environ 645 000 salariés détenant un mandat syndical à un titre ou à un autre. Sur la base d'une durée annuelle de travail d'environ 1 600 heures, cela représente quasi 32 000 salariés à temps plein qui n'exercent que la seule activité syndicale.

Entre le secteur public et le privé, une population de plus de 60 000 personnes se consacre exclusivement à l'activité syndicale, principalcment financée sur des deniers publics.

Les ressources financières des syndicats, organisés en confédérations, reposent à la fois sur les coti sations des adhérents (entre 30 et 40 % de leur budget annuel), les subventions, les produits du paritarisme et quelques recettes publicitaires.

Le paritarisme est la gestion partagée d'organismes sociaux entre les employeurs et les employés. Ce mode de fonctionnement prévaut pour l'Urssaf, l'UNEDIC, la Caisse nationale des allocations familiales (CNAF).

Les organisations syndicales se partagent donc les mandats de gestion de ces organismes. Ils se partagent également certains produits financiers selon des règles établies. Les subventions publiques dont bénéficient les syndicats se concrétisent par plusieurs dispositifs de l'État. Notamment à travers la formation.

Toutes les entreprises ont une obligation légale de cotiser pour la formation de leurs salariés. Cette participation, en fonction du nombre de salariés, représente chaque année environ 13 milliards d'euros (chiffres de 2009).

Jusqu'en 2015, un système élaboré permettait aux organisations syndicales de recevoir des financements par le truchement d'Organismes paritaires de collecteurs agréés (OPCA) dont ils assurent encore la gestion.

La fonction d'administration du système de financement de la formation professionnelle des salariés à travers les OPCA permettait aux organisations d'employeurs et de salariés d'accéder à deux sources de financement : le préciput, au titre de la gestion des

OPCA, et le Fonds national de gestion paritaire de la formation professionnelle continue (FONGEFOR). En 2010, ce furent 66 millions d'euros répartis entre les organisations d'employeurs et de salariés.

Une partie de ces fonds n'a pas servi à la formation mais au fonctionnement des syndicats.

Cette situation et ces abus ont conduit le législateur à voter une loi en 2009 pour instituer des contrôles et des garde-fous à ces pratiques. Plus récemment, la loi du 5 mars 2014 ambitionnait d'y mettre fin en réformant le système.

Exit le préciput et le FONGEFOR. Ces deux prélèvements sont remplacés par un Fonds paritaire de financement entré en vigueur au 1er janvier 2015, alimenté par une contribution des entreprises. Cette contribution est désormais collectée par les Urssaf chargées de la transférer à l'AGFPN (Association de gestion du fonds paritaire national) qui, à son tour, les redistribue aux partenaires sociaux.

Les mécanismes financiers sont modifiés mais les montants versés aux organisations des employeurs et des salariés seront préservés. À titre d'illustration, ces sommes représentent plus de 40 % des ressources du MEDEF et de la CGPME, c'est-à-dire autant que les recettes des cotisations.

Ce financement déguisé des organisations syndicales pose un problème de fond que la récente loi du 5 mars 2014 ne règle pas.

Au bout du compte, la contribution de l'État pour l'ensemble du dispositif syndical, toutes dépenses confondues, s'élève chaque année aux alentours de

4 milliards d'euros. Cette somme est énorme, d'autant que, à ce jour, la transparence des comptes des confédérations syndicales n'est pas avérée.

La France consent donc un effort tout à fait considérable pour l'activité syndicale. En cela, elle constitue une exception. Dans tous les autres pays d'Europe, la part des cotisations des adhérents des syndicats représente plus de 80 % des ressources :

– en Allemagne, 29 % de la population active est syndiquée, avec 8,9 millions d'adhérents et 1,3 milliard d'euros de cotisations ;

– en Italie : 25 % de la population active est syndiquée et 25 % des retraités, soit 11,3 millions de personnes pour un montant de cotisations de 1,1 milliard d'euro ;

– en Grande-Bretagne : 29 % de la population active syndiquée, 7,3 millions d'adhérents pour 1 milliard d'euros de cotisations ;

– en Belgique : 65 % de taux de syndicalisation avec 3,2 millions de personnes syndiquées et un montant de cotisations de 400 millions d'euros ;

– la Suède, 83 % d'actifs syndiqués, 3,9 millions d'adhérents et 900 millions d'euros de cotisations.

En France, moins de 8 % de la population active est syndiquée, ce qui représente à peine 1,7 million de salariés syndiqués. Les cotisations s'élèvent à moins de 200 millions d'euros.

Il faut préciser que ces cotisations versées aux syndicats permettent aux adhérents de bénéficier de 66 % de réduction d'impôt, ce qui constitue une aide supplémentaire de l'État.

Ainsi, le pays finance un système syndical très coûteux dont la transparence financière n'est pas totale. Ce système contribue souvent à fragiliser les équilibres économiques et sociaux par des actions qui paralysent des entreprises et souvent le pays lui-même. Il met parfois en difficulté des précaires en ne leur permettant pas d'aller travailler. Il met en péril l'avenir de certaines entreprises.

En effet, les organisations syndicales se caractérisent essentiellement, depuis une vingtaine d'années, par une seule préoccupation et une seule action : la protection de leur périmètre. Elles sont plus engagées dans une stratégie politique que dans la défense des intérêts matériels de leur petite population d'adhérents et de sympathisants.

En réalité, un examen un peu attentif de leur action nous révèle que les syndicats ont considérablement réduit leurs enjeux : défendre quelques cas individuels au plan local, s'assurer un rayonnement dans les échelons intermédiaires et participer aux négociations au plan national, en se préservant une présence dans les organismes paritaires. Les dernières actions syndicales au plan national – si on excepte la grève incompréhensible des pilotes de ligne d'Air France – se sont limitées à des blocages dans certains secteurs d'activité comme le transport.

Les syndicats français se situent encore malheureusement dans la logique de la lutte des classes. C'est une vision totalement dépassée.

En fait, cette analyse n'est pas nouvelle. Maurice Druon, en 2000, dans son ouvrage *La France aux ordres d'un cadavre*[1], faisait le même constat. Certaines scènes décrivant les relations que l'auteur a connues avec les syndicats, en qualité de ministre des Affaires culturelles dans les années 1970, sont d'une criante actualité. Tous les hommes politiques devraient avoir lu ce petit ouvrage, un peu daté sous certains aspects, mais qui en dit suffisamment pour examiner les rapports avec les syndicats sous un angle plus éclairé.

Avec le fonctionnement qui est le leur depuis quarante ans et une représentativité aussi limitée, est-il légitime que les organisations syndicales bloquent ainsi le pays régulièrement ? Leurs revendications ne sont pas toujours partagées par la majorité des travailleurs et ne concernent que des intérêts catégoriels. Est-il légitime que la liberté d'une majorité de la population soit malmenée au nom de cette activité syndicale qui ne représente plus qu'elle-même ?

Est-il acceptable que des milliers et parfois des dizaines de milliers de personnes, déjà en difficulté, voient leur situation s'aggraver par la faute d'un mouvement social qui les contraint à ne pas pouvoir travailler ?

Une conception raisonnable et moderne de la vie en démocratie ne peut s'accommoder de telles situations.

Par ailleurs, on observe des dérives importantes sur les sujets dont s'emparent les organisations

1. Éditions de Fallois.

syndicales. Comment expliquer qu'elles interviennent sur des thèmes qui intéressent la stratégie des entreprises voire de l'État, comme ce fut le cas dernièrement pour la SNCF ou pour Air France ?

C'est une interprétation extensive et injustifiée de la défense des intérêts matériels des salariés. Leur rôle est avant tout de favoriser l'harmonie et le dialogue social au sein des entreprises et dans la fonction publique. Leur mission est de préserver les intérêts des salariés dans les négociations des conventions collectives. Là encore, les syndicats se sont emparés de sujets, de thèmes et d'un espace qui ne relèvent pas *stricto sensu* de leurs compétences.

Dans une démocratie, oui, le débat doit être ouvert, mais il est capital que chacun reste à sa place. Les organisations syndicales ont outrepassé la leur. Elles n'en sont pas vraiment responsables, elles n'ont fait qu'occuper la place qui leur a été laissée. Et la plupart essaient d'apporter leur pierre à l'édifice. Elles sont devenues une force politique qui intervient dans les débats hors de leur champ de compétences. L'exécutif, depuis de nombreuses années, ne fait preuve ni de fermeté ni de détermination devant des actions souvent biaisées et parfois illégales. Cette absence de réaction, cette apathie devant les actions de certains syndicats – incontrôlées, dangereuses pour le pays et parfois contraires à nos principes démocratiques – exaspèrent une grande partie de la population. Chacun doit rester à sa place. La proximité entre le pouvoir politique et les syndicats trouble le jeu d'une véritable démocratie.

À titre anecdotique : les membres d'une organisation syndicale ont tout simplement coupé le courant pendant le discours du Premier ministre lors d'un déplacement. Comment admettre que l'on puisse priver de la parole publique le chef du gouvernement ? Voilà l'illustration des dérives de certains syndicats. Cet incident récent s'est produit le 27 janvier 2015 dans le Doubs à Audincourt. Il a été revendiqué et n'a fait l'objet d'aucun commentaire. Si les fauteurs de troubles n'avaient pas été des syndicalistes, l'incident aurait, à coup sûr, été traité très différemment.

De tels micro-événements contribuent à brouiller la visibilité de l'action politique et syndicale.

Combien de fois ai-je vu des ministres, toutes tendances confondues, reculer devant la pression des syndicats, alors même que la décision combattue allait clairement dans le sens de l'intérêt général ? Le pire en ce domaine étant d'anticiper la réaction des syndicats et de faire *a priori* dans le consensus et la démagogie. Peu le font, mais c'est déjà trop.

Le silence général face aux actions et aux attitudes parfois dogmatiques des syndicats dans notre pays laisse, à juste titre, beaucoup de Français perplexes. D'autant que la proximité et parfois la collusion entre les syndicalistes nationaux et les hommes politiques suscitent des interrogations.

De ce point de vue, le ministère de l'Intérieur donne des exemples fréquents. Personne n'ignore l'influence des syndicats de police. Cette influence est à la hauteur de leur capacité de nuisance. *A contrario*, lorsqu'elle est mise au service de l'intérêt général, personne ne peut contester l'utilité de la démarche syndicale, mais cela n'est pas toujours le cas.

Deux anecdotes vécues sont éloquentes.

En 2012, le ministre de l'Intérieur Manuel Valls, confronté aux conséquences fâcheuses et non mesurées de la fusion des Renseignements généraux (RG) et de la Direction de la sûreté du territoire (DST), prend une décision particulièrement bienvenue : mettre un terme à la désastreuse expérience de « l'information générale », remettre à plat la mission de renseignement et reconstituer un service structuré qui prendra le nom de Service central du renseignement territorial. Compte tenu de l'importance de l'apport de la gendarmerie dans le renseignement, cette « construction » se fait à quatre mains, entre la direction centrale de la Sécurité publique de la police nationale et la direction des Opérations et de l'Emploi de la gendarmerie nationale. Le directeur central et moi sommes tous deux chargés de piloter cette « naissance ». Une partie des textes fondateurs est rédigée en commun. En attendant leur mise en application – qui doit prendre plusieurs mois pour cause de validations juridiques –, je signe un texte provisoire interne à la gendarmerie. Il s'agit d'un document réclamé par les échelons de terrain et conçu dans l'esprit de la réforme aux fins de permettre notre fonctionnement quotidien.

Les syndicats de police provoquent un véritable tollé autour de ce texte très neutre qui, de surcroît, ne les concerne en rien. Le ministre se sent obligé de réagir. Et ce document, uniquement pratique, totalement anodin, doit être suspendu. C'est dire l'influence des syndicats et le peu de résistance des autorités à des mouvements d'humeur irrationnels et infondés, qui n'ont aucun rapport avec le cœur du métier syndical.

À l'occasion d'un récent déplacement en Guadeloupe, lors d'un entretien avec une journaliste locale, la suppression du commissariat de police de Capesterre-Belle-Eau fait l'objet d'une question. J'y réponds d'autant plus facilement que, en 2013, le ministre de l'Intérieur a acté la disparition de ce commissariat et annoncé la reprise de la totalité de la sécurité de la commune par la brigade de gendarmerie déjà existante. Je confirme donc que cette opération doit se faire dans un délai qu'on ne connaît pas précisément, mais que le principe est acquis.

Que n'avais-je dit ! La représentation locale d'un syndicat de la police exerce immédiatement une telle pression sur le préfet que les cabinets de l'Intérieur et de l'Outre-Mer sont alertés. Dans les quarante-huit heures, je suis convoqué chez le directeur général de la gendarmerie nationale pour être rappelé à l'ordre…

Ce fonctionnement laisse perplexe. Car d'un côté, trop souvent les cabinets et les hommes politiques s'en laissent imposer par les organisations syndicales, et de l'autre celles-ci sont de moins en moins représentatives et de moins en moins reconnues dans la vie du pays. Les raisons en sont multiples et leur action ne revêt plus grande légitimité.

Le sens de l'histoire ne peut être inversé et la perte d'influence des syndicats dans la vie sociale du pays, en dehors des grèves et autres paralysies, ira croissante. Leur bilan, au sein de l'entreprise et de l'Administration, n'est pas, en première approche, très enthousiasmant et n'incite pas à l'optimisme.

Le nombre de personnes rémunérées à plus de 70 % avec de l'argent public, au sein des syndicats, se situe à un seuil trop élevé.

Seules une prise de conscience collective et une véritable lame de fond pourraient faire naître un espoir de clarifier la situation.

Un état des lieux visant à établir si le système syndical d'aujourd'hui correspond aux attentes du corps social de notre pays est devenu indispensable. Cet examen salutaire de la situation des syndicats dans notre société pourrait faire l'objet d'une consultation populaire. Ce serait enfin une expression réelle de démocratie moderne qui motiverait, sans aucun doute, davantage de Français à se rendre aux urnes. Cette consultation n'aurait aucune valeur juridique, mais une portée symbolique majeure. Elle serait utile et riche en enseignements. Mais elle présenterait des risques réels pour certains microcosmes, pour certaines niches de pouvoir qui, probablement, ne la souhaiteraient pas.

Le moment est pourtant venu de réformer notre système syndical dispendieux et inadapté aux vrais besoins des salariés. Le financement des syndicats par les cotisations des adhérents, comme dans tous les autres pays d'Europe, est une formule à privilégier. De même, le mode de fonctionnement des organismes paritaires mérite incontestablement d'être remis en perspective dans une logique de transparence.

Les partis politiques traditionnels sont victimes, eux aussi, d'une grave déperdition de crédibilité. Objectivement, ils sont aujourd'hui globalement disqualifiés par la majorité des Français. Ils ne bénéficient ni de la légitimité ni de la confiance générale, sauf de la part de leurs adhérents – qui ne constituent qu'une infime minorité. Les partis sont considérés comme des organisations opaques, dans lesquelles toute liberté de pensée a depuis longtemps été remplacée par une discipline de nature idéologique. Ils sont perçus uniquement comme des machines à organiser des élections. Naturellement, la plupart de celles et ceux qui s'engagent sont assurément animés des meilleurs sentiments, mais la logique de système prend le dessus dans la durée.

La confiance n'est plus au rendez-vous avec les Français : le décalage est trop important entre le discours et l'action.

De cette désaffection, les organisations politiques elles-mêmes portent une responsabilité très significative car elles adoptent trop souvent une attitude dont l'intérêt général n'est pas le principal souci. De vision citoyenne il n'est guère question. Seuls comptent les dégâts causés à l'adversaire, les résultats des sondages d'opinion et les gains potentiels escomptés pour les prochaines échéances électorales. Et la victoire aux élections est avant tout une question économique et financière.

Aujourd'hui, un parti politique est d'abord une entreprise qui doit tourner pour assurer sa survie et le salaire de ses permanents. En voici des illustrations qui concernent les deux principaux partis : le Parti socialiste et l'Union pour un mouvement populaire devenu, il y a peu, Les Républicains. (Le même raisonnement est applicable à toutes les formations politiques. Les examiner par le menu serait fastidieux et n'apporterait rien de plus au raisonnement.)

L'ex-UMP était un parti doté d'un budget officiel depuis les dix dernières années qui se situait entre 45 et 55 millions d'euros par an. Les cotisations des adhérents et des élus ne représentaient qu'environ 10 à 20 % de ce budget. Le reste étant composé d'une dotation de l'État (plus de 50 % du budget) et de contributions et dons divers. Il faut noter que le parti a acquis son siège et l'a remis en état en 2012 pour un coût de 40 millions d'euros.

Le parti supportait environ 12 millions d'euros de salaires chaque année. Il a contracté une dette que l'on estime, en 2014, à 70 millions d'euros.

Le Parti socialiste, quant à lui, a un budget qui se situe, pour les dix dernières années, dans une fourchette de 45 à 65 millions d'euros, les cotisations des adhérents et des élus représentant environ 40 % du total. La dotation de l'État représente également 40 % du budget. Le PS supporte des charges de personnels (salaires) de plus de 20 millions d'euros, soit entre 30 et 45 % de son budget total.

Le passif du PS est estimé à environ 60 millions d'euros.

Tous ces chiffres démontrent que la démocratie a un prix et que cette réalité économique pèse lourd dans la stratégie des partis. La bonne santé financière des partis est en réalité conditionnée par la victoire aux élections puisque leur dotation globale est fonction de leur représentativité. Il y a donc clairement un enjeu financier important, principalement pour les élections législatives.

Les deux principaux partis gèrent leurs propres affaires de la même manière que les affaires publiques, c'est-à-dire avec une dette plus importante que leur propre budget annuel. Cette réalité s'impose à tous les partis, et les différentes lois sur la transparence de la vie publique n'ont pas forcément amélioré la situation. Cette gestion, que l'on ne peut pas qualifier « de bon père de famille », est l'illustration de l'inadéquation de ce système aux idéaux de la démocratie. Et explique aussi le décalage qui existe entre la classe politique et la population.

La dotation de l'État pour les partis politiques se monte annuellement à une somme variant entre 60 et 70 millions d'euros, répartis sur toutes les formations. Elle est calculée sur la base des résultats obtenus lors du dernier renouvellement de l'Assemblée nationale et d'après le nombre de parlementaires composant les groupes à l'Assemblée et au Sénat.

D'un point de vue éthique, on peut s'interroger sur la pertinence du financement par l'État de structures politiques, mais si cela peut éviter la corruption et les abus, la démarche est recevable. Cependant, lorsqu'on regarde de plus près les déviances des partis, en particulier pour le financement des campagnes électorales, on constate que l'État finance des organisations politiques pas toujours transparentes et dont les pratiques financières ne respectent pas la loi. Il y a dès lors une légère incohérence.

Dans un monde raisonnable, le financement des partis politiques devrait reposer pour l'essentiel sur les cotisations des adhérents. En tout état de cause, une règle devrait plafonner la participation de l'État à la hauteur du montant des cotisations perçues par chaque formation politique.

La démocratie n'a pas de prix, mais son fonctionnement présente un coût très important.

En 2006, un rapport a été rendu donnant le bilan des dépenses effectuées pour chaque scrutin lors des élections en 2002. S'agissant de l'élection présidentielle le montant s'élève à 200 millions d'euros ; les législatives représentent 135 millions d'euros ; les régionales 126 millions d'euros ; les municipales et européennes, autour de 100 millions d'euros.

Autant de dépenses exorbitantes, pour un nombre de plus en plus important d'abstentionnistes et pour élire des femmes et des hommes qui respectent assez rarement leurs engagements.

Cela devrait nous interpeller collectivement. Et cela devrait donner du grain à moudre aux responsables politiques, tout particulièrement.

Comment justifier de tels chiffres et de telles dépenses alors qu'on demande chaque jour davantage de sacrifices aux Français ?

En dehors de ces coûts prohibitifs et du fonctionnement financier des partis, s'ouvre le débat autour de ces élus qui choisissent d'exercer leur action politique sous l'autorité « morale » ou dans la mouvance d'un parti.

Un tel choix est en effet logique et cohérent dans la mesure où aucun élu d'un certain niveau ne peut politiquement exister sans le soutien, notamment financier, d'une structure de parti. Cela exige de chacun l'adhésion à des principes politiques mais crée aussi une dépendance, notamment idéologique et matérielle, qui nécessite probablement de petits renoncements personnels. Un parti politique concentre des individualités qui ont des convictions communes, une même idée de la société... et des ambitions personnelles. Cela provoque parfois des affrontements spectaculaires qui laissent songeur sur la capacité de ceux qui s'y livrent à assumer sereinement des responsabilités importantes au niveau de l'État.

Chaque semaine fournit des raisons de s'interroger sur le fonctionnement des appareils de partis dont le financement notamment est sujet à caution et dont les turpitudes sont étalées publiquement. Ceux qui en font partie vont ensuite diriger les affaires publiques... sur la base de quelle éthique ? Sans parler des affaires qui font l'objet de procédures judiciaires (en particulier l'affaire Bygmalion, qui demeure emblématique). Deux exemples méritent un commentaire. Le premier, c'est la révélation, en juin 2014, d'un fait assez choquant : le groupe parlementaire UMP aurait prêté 3 millions d'euros au parti !

À vrai dire, personne n'aurait pu imaginer que, dans notre démocratie, il eût été possible de prêter à qui que ce soit de l'argent public, attribué aux groupes parlementaires pour leur fonctionnement à l'Assemblée, mais aussi pour l'organisation de leurs travaux (10 millions par an pour l'ensemble des groupes).

Deux points méritent réflexion : de telles pratiques sont-elles juridiquement valides ? Les ténors du parti l'affirment au motif que cela n'est pas expressément interdit. Soit. Le président de l'Assemblée nationale a instantanément décidé d'instaurer un contrôle sur les fonds alloués aux différents groupes ; par ailleurs, de telles pratiques sont-elles acceptables au plan de l'orthodoxie et de la morale ? La question reste entière et nombreux sont ceux, auxquels j'appartiens, qui estiment ces pratiques inconvenantes. Elles illustrent parfaitement les libertés que certains hommes politiques s'arrogent sans même se poser de question sur le fond.

En second lieu, ce prêt remboursable avec un échéancier et un taux d'intérêt… a été consenti par le président du groupe, sans même une approbation ou une consultation de ses membres. En matière de transparence et de démocratie, il paraît difficile de faire moins bien au cœur même de l'appareil d'État.

Une deuxième illustration concerne l'Indemnité représentative de frais de mandat (IRFM) perçue mensuellement par les parlementaires. D'un montant de 5 770 euros pour les députés, elle sert à couvrir les frais professionnels, en particulier le financement des permanences dans leur circonscription. Il ressort des recherches effectuées par une association promouvant la démocratie directe qu'un nombre significatif de députés (plusieurs dizaines) ont acquis leur permanence en en finançant l'achat grâce à cette indemnité. À l'issue de leur mandat, le bien immobilier leur appartient. Ce qui revient, pour nos parlementaires, à acquérir un patrimoine personnel avec de l'argent public. Beaucoup de députés ont choisi la location. Mais ceux qui sont propriétaires grâce au financement public, et tout particulièrement ceux qui n'exercent plus de mandat, se trouvent dans une situation inconfortable à la limite de la malversation. Certains avaient l'air de savoir ce qu'ils faisaient en créant des sociétés civiles immobilières aux contours parfois curieux..

Ces deux exemples démontrent que l'argent joue un rôle important dans l'action politique aux plans individuel et collectif, et que la transparence n'est pas souvent au rendez-vous. Cette opacité n'échappe pas aux citoyens-contribuables.

Le système actuel, avec le discrédit dont il fait l'objet auprès de la majorité des Français, n'est pas en mesure de solutionner les difficultés auxquelles notre pays est confronté. Le renouvellement en profondeur des structures et l'émergence de nouvelles équipes de femmes et d'hommes compétents et intègres sont des préalables au renouveau d'une vie politique sereine, équilibrée et fructueuse.

Contrairement aux pratiques actuelles, le principe fondateur d'un système rénové doit reposer sur le soutien direct des citoyens et des élus.

Ainsi l'autofinancement des mouvements à caractère politique constitue la pierre angulaire de la vie démocratique. La participation de l'État à certaines dépenses clairement identifiées (élections et fonctionnement des assemblées) doit être envisagée, mais dans des proportions définies et à des conditions de transparence totale qui n'existent pas aujourd'hui.

Cette profonde transformation, qui remet en question plus de cinquante ans d'habitudes et de dévoiements, constitue une véritable remise en question, mais la situation actuelle et le rejet massif de la politique telle qu'elle est pratiquée aujourd'hui exigent ce saut de génération.

Ce mouvement de fond est, en réalité, déjà lancé de manière invisible mais incontournable. Deux éléments tangibles en sont les prémices. Le premier, même si en définitive on le regarde de façon critique, est le changement d'appellation de l'UMP – Les Républicains – sous l'impulsion de son président. L'objectif de cette opération est avant tout de rompre avec le passé et de se débarrasser du passif en termes d'image. Le poids des affaires, les querelles pour la désignation du président en 2013 ont affecté en profondeur l'opinion des Français à l'égard de cette formation politique. La nouvelle appellation se veut à la fois un nouveau départ et une « remise à zéro de tous les compteurs ». Cette opération cosmétique révèle un malaise profond. Elle ne sera à l'évidence pas suffisante car il est impossible de repartir sur des bases saines en ne changeant que l'étiquette sans bouleverser le produit et le procédé de fabrication. En un mot, il est illusoire de penser qu'il est possible de faire du neuf avec du vieux et qu'un changement d'appellation peut modifier les comportements qui ont conduit à la situation actuelle. Il s'agit probablement d'une opération de marketing dans la plus pure tradition de la pratique politique française depuis près de trente ans.

Mais s'il faut espérer que nos compatriotes ne se sont pas trompés sur la nature de cette opération de communication dont les effets n'ont pas dépassé l'agitation médiatique et judiciaire de quelques semaines, rien ne nous empêche de croire qu'elle correspond aussi à un désir plus profond de changement.

Le deuxième élément qui marque un désir de remise en question passe par la décrédibilisation des partis politiques et se manifeste par la désaffection constante des adhérents.

Le Parti socialiste enregistre depuis 2014 une baisse importante des cotisants qui se chiffre à plusieurs dizaines de milliers. Certes, cette tendance peut s'expliquer par la déception des adhérents au regard de la politique menée. Mais elle prend aussi ses racines dans un malaise plus profond, celui qui conduit une partie des citoyens à prendre de la distance vis-à-vis des appareils dont ils sentent plus ou moins confusément qu'ils ne sont pas en mesure de répondre aux défis futurs.

La naissance du parti Les Républicains a confirmé cette tendance. Malgré la dynamique fédération de Paris, les chiffres peinent à atteindre ceux de l'UMP, alors que l'objectif est fixé à 500 000 pour 2017.

Selon les chiffres qu'ils déclarent, l'ensemble des partis politiques français rassemble, au total, moins de 700 000 adhérents, ce qui représente à peine plus de 1 % de la population française et moins de 2 % du corps électoral.

Cela peut encore s'aggraver, vu le déficit de conscience civique qui marque en creux la scène politique : des combats personnels ne manqueront pas de se déclencher à l'occasion des préliminaires de la prochaine élection présidentielle.

Cette échéance pourrait sonner le glas de l'existence de ces partis sous leur forme traditionnelle pour laisser place à des mouvements à caractère politique dont l'assise populaire serait plus marquée.

Cette tendance de fond s'observe déjà dans d'autres pays européens. La Grèce a ouvert le ban avec l'arrivée d'un gouvernement hétérodoxe qui brouille les canons de l'action politique traditionnelle. Et surtout l'Espagne, dans le cadre des élections locales, met en situation de responsabilité des personnalités qui ne sont pas issues des partis classiques.

Nul doute que ce mouvement quasi tellurique touchera la France à l'occasion des prochaines élections présidentielles, tant les luttes de pouvoir internes fragilisent les structures et provoquent la désaffection des citoyens.

Le fonctionnement du système de représentation pose non seulement des problèmes d'éthique mais également de légitimité. Le message envoyé à la collectivité nationale est inexistant. Seules affleurent les miasmes nauséabonds des luttes intestines et des promesses de campagne.

Malheureusement, le message de l'État n'apparaît pas plus clairement.

8

L'État, la gouvernance et le pouvoir

Le régime sous lequel nous vivons, celui de la Ve République, donne des signes d'essoufflement. Certains appellent de leurs vœux la naissance de la VIe République. Il est vrai que les redécoupages des circonscriptions électorales et autres manœuvres politiciennes ne donnent pas satisfaction. La tentation est grande de passer à la vitesse supérieure. Le rééquilibrage entre l'exécutif et le législatif, la réforme du mode de renouvellement – voire la disparition du Sénat – pourraient être des solutions miracles. Il y a aussi les partisans de la modification de la durée des mandats dont on ne peut s'empêcher d'imaginer qu'ils sont animés par des arrière-pensées personnelles.

En réalité, toutes ces propositions de modifications de notre régime politique sont, en grande partie, la manifestation de l'instinct de conservation de ceux qui les proposent. Il est sans doute plus facile pour la classe politique de remettre en question les structures ou même de proposer leur suppression plutôt que de prendre des décisions courageuses et corriger les déviances qui sont toujours dues aux hommes.

Le fonctionnement de l'État tel qu'il est aujourd'hui ne peut toutefois pas être considéré comme idéal. Notamment celui de l'exécutif, c'est-à-dire le gouvernement.

L'organisation de l'exécutif repose avant tout sur les cabinets ministériels. Ceux-ci sont en effet la cheville ouvrière de son action politique. Sans entrer dans le détail de la mécanique de constitution de ces cabinets, nous constatons que les fonctionnaires appelés à les composer sont issus en règle générale des grands corps de l'État (Préfectorale, Conseil d'État, Inspection des finances, Cour des comptes). Certains conseillers deviennent, au hasard de la formation des gouvernements, des habitués des cabinets. Ceux-là – et ils sont nombreux – construisent leur parcours en s'appuyant sur la progression de leurs mentors ou sur des réseaux qui se tissent au fur et à mesure de la carrière administrative. Ces jeunes conseillers, en très grande majorité brillants intellectuellement, n'ont de la « vraie vie » qu'une connaissance partielle car ils y ont peu vécu. Issus de grandes écoles et tout particulièrement de l'École nationale d'administration, ils occupent des postes successifs qui leur laissent peu de temps pour leur vie personnelle. Les plus ambitieux d'entre eux passent leurs fins de semaine plongés dans les dossiers qu'ils n'ont pas eu le temps de traiter pendant leurs heures de travail. Ce sont eux qui permettent aux ministres d'exister : ils mettent en forme les idées de leur patron ou encore ils sont à l'origine des initiatives qui rythment l'action du titulaire du maroquin.

La seule difficulté, et elle est de taille, concerne leur mode de fonctionnement : pour eux, seule compte la fin et qu'importent les moyens. Lorsqu'on a entre vingt-cinq et trente-cinq ans et des ambitions, cela donne des résultats parfois improbables. Il est difficile de mesurer les effets du pouvoir sur de jeunes fonctionnaires ambitieux, manquant d'expérience pratique, et à qui l'on demande de mettre du combustible dans la machine qui doit mener le train vers le succès.

La plupart de nos grandes écoles ne préparent pas les jeunes diplômés aux effets secondaires du pouvoir. L'ENA moins que toute autre. Chacun fait face, en fonction de sa propre histoire, de son éducation et des limites dont il apprend à définir les contours au hasard des rencontres et des objectifs. Dans de nombreux cas, ces intelligences supérieures finissent par se débattre dans les affres de l'ambition déréglée.

Il suffit de poser la question aux très nombreux élus, chefs d'entreprise, responsables d'association qui, à l'occasion de demandes d'audience dans les cabinets, sont reçus par ces conseillers. Beaucoup de qualités peuvent leur être reconnues mais probablement pas celle de la véritable empathie.

Les responsables des diverses administrations de l'État qui dépendent de l'autorité des cabinets peuvent également témoigner des méthodes utilisées par ceux-ci et de la manière dont ils les traitent. Pour la plupart de ces jeunes conseillers, l'expérience acquise par les grands responsables des administrations au cours de leur longue vie professionnelle ne constitue pas toujours une référence mais plutôt un motif de défiance, voire de conflit. C'est pourtant parmi eux que se trouvent les grands serviteurs de l'État. Cette réalité a, malheureusement, des incidences sérieuses sur le fonctionnement de l'Administration en général. Elle a été mise en lumière il y a quelques semaines dans l'hebdomadaire *Le Point* par le directeur général délégué d'Orange, ancien directeur du Trésor, qui déclarait : « Dans les cabinets ministériels français, on trouve des personnes de 25 à 30 ans, avec peu d'expérience professionnelle, qui peuvent bloquer, amender, changer un avis émis par un directeur d'administration, sans parfois que le ministre ait pu voir le produit initial. Quelle est leur légitimité ? »

Un seul exemple suffit à illustrer l'effet délétère des cabinets sur les autres corps de l'État : je me souviens d'une réunion à très haut niveau à laquelle participaient six grands responsables de la gendarmerie dont le grade était supérieur à celui de général de division. Le sujet concernait une décision importante qui devait conditionner le contenu d'un texte en projet. Chacun à son tour exprima ses propositions avec ses arguments, et finalement la décision finale fut prise à la suite de la conclusion suivante : « On ne peut pas présenter la solution que vous préconisez au cabinet du ministre : ça ne va pas leur plaire. »

Enfin, inutile d'aborder ici les luttes sans pitié entre cabinets pour faire prévaloir la position ou les postures des ministres concernés. Ce sont essentiellement des questions de pouvoir et d'ego. Le sujet à lui seul mériterait un ouvrage complet.

Aujourd'hui, dans notre pays, c'est ce fonctionnement de compétition politique et de lutte sans merci qui prévaut, privilégiant les stratégies personnelles à tous les niveaux. Et on voudrait nous présenter ces jeux pervers comme l'expression de la démocratie.

La plupart des Premiers ministres, anciens ministres et personnalités politiques de la Ve République ont occupé des postes de conseillers, de chefs de cabinet, voire de directeurs de cabinet au début de leur parcours politique. La politique est devenue une activité professionnelle qui obéit à certaines règles. Pour y entrer, le profil idéal est : formation de grand calibre, ENA ou Sciences-Po (IEP), ou bien les deux successivement ; passages itératifs en cabinets ministériels, entrecoupés de quelques postes en administration centrale ou de mandats locaux (maire, conseiller général), voire les deux à la fois. Pour ceux qui réussissent au plus haut niveau, un ou deux mandats de député puis un portefeuille de ministre sont la voie royale vers le sommet. Le tout devant s'inscrire dans le cadre de l'appartenance à un parti politique. Y exercer quelque responsabilité apporte une plus-value significative.

À peu de chose près, c'est le cursus de plus de 60 % des membres de l'exécutif, c'est-à-dire de celles et ceux qui ont exercé des responsabilités gouvernementales depuis les vingt dernières années.

Comment imaginer que, avec des recrutements identiques, des parcours parallèles, des logiques de système très proches, il puisse y avoir, dans notre vie politique, du renouveau, de la fraîcheur et une envie de sortir d'un fonctionnement dans lequel tous s'épanouissent ! D'ailleurs, les oppositions qui semblent parfois se manifester à l'intérieur de ce système ne sont qu'une façade.

Il existe schématiquement deux catégories de hauts fonctionnaires · ceux qui dès le début de leur parcours sont animés par une certaine conception de l'État et un sens du service public. Ils sont nombreux et font vivre l'administration française avec une énergie et un sens des valeurs républicaines qui forcent l'admiration. Préfets, magistrats, ambassadeurs, membres des grands corps de l'État en général, mais également militaires de haut rang, grands policiers ou gendarmes sont autant de serviteurs de l'État qui portent au quotidien la gestion de la vie sociale.

La seconde catégorie abandonne assez volontiers le sens du service public et s'incruste dans le sillage de personnalités politiques en privilégiant avant tout une stratégie personnelle sur fond d'engagement public. Certains passent d'une catégorie à l'autre et, dans la plupart des cas, ce changement ne s'effectue que dans un sens. Voilà pourquoi, lors des alternances politiques, les mesures nominatives publiées au *Journal officiel* sont si nombreuses.

Ces fonctionnaires, par calcul ou par idéologie, sont capables de gripper l'action de l'Administration en organisant une sorte de résistance au changement voulu par l'exécutif. C'est ainsi que l'exécutif se reproduit au hasard des changements de majorité mais selon toujours les mêmes schémas et avec plus ou moins de bonheur.

Tout cela devrait nous interpeller sur les critères de sélection et les standards de formation des élites du pays.

Le pouvoir législatif n'est pas exempt d'une certaine sclérose. La consultation du site officiel de l'Assemblée nationale permet une analyse de la composition des différentes législatures en termes de répartition socioprofessionnelle. Elle révèle que, parmi les 577 députés, certaines catégories sont surreprésentées par rapport à la physionomie de notre société : près de 30 % des députés sont issus de la fonction publique. Mais, si on y rajoute les pensionnés et retraités, les permanents politiques, les « sans profession déclarée » et une partie des cadres du secteur privé – dans lesquels on retrouve d'anciens ministres et des hommes politiques qui n'ont pas vu une entreprise privée hormis sur le papier –, le pourcentage est très impressionnant. Plus de 50 % des députés exercent ou ont exercé préalablement une activité financée sur des fonds publics. Il faut noter, par exemple, que les enseignants ou retraités de l'enseignement, à eux seuls, représentent près de 25 % de l'actuelle législature.

Les avocats et anciens avocats sont également nombreux (près de 10 %).

Une conclusion pourrait s'imposer : certaines professions prédestinent donc à la politique, ou certains statuts permettent plus facilement d'exercer des mandats politiques.

Comment imaginer qu'une assemblée législative composée à plus de 50 % de fonctionnaires ou d'anciens fonctionnaires de tous niveaux soit la mieux armée pour légiférer d'une manière audacieuse afin de permettre au pays de faire face aux défis qui se présentent ?

Il est difficile de croire que, n'ayant aucune expérience de l'entreprise, ces parlementaires issus de la fonction publique soient les plus compétents pour concevoir et voter des projets de loi qui mèneront à la reprise économique du pays. Il s'agit pourtant d'enjeux d'une importance capitale pour la dynamique interne de la France : comment empêcher, par exemple, les jeunes entrepreneurs de fuir vers l'étranger pour réaliser leurs ambitions ?

Ce constat plutôt inquiétant peut être complété par les pratiques politiciennes. Lors du vote des projets et propositions de lois, les initiatives de nos parlementaires n'obéissent qu'aux consignes des partis auxquels ils appartiennent. De plus, une tactique fréquemment pratiquée est d'introduire des centaines d'amendements pour retarder le travail parlementaire. Il n'est pas sûr que ces comportements soient exemplaires d'une démocratie harmonieuse.

Les subtilités du fonctionnement de l'Assemblée nationale échappent à l'opinion publique, mais dans la forme, en revanche, le manque de retenue et de courtoisie au cours des débats dans l'hémicycle n'offre guère un tableau rassurant. Les images retransmises par les médias, à l'occasion des questions à l'Assemblée nationale, donnent parfois l'impression que les excès et l'incorrection prévalent dans les échanges. Ces spectacles parfois indécents sont fréquents et ne correspondent pas à ce que les Français attendent de leurs représentants.

Sur le fond, il est assez regrettable que certains de ceux qui se laissent aller à de tels écarts aient par ailleurs le toupet de faire des commentaires et de donner des leçons de démocratie à d'autres nations.

En ce domaine, le manque collectif d'humilité et de réserve confine souvent à l'arrogance. Nos pratiques politiques et l'attitude d'une partie de nos responsables politico-administratifs justifient pleinement les critiques qui fusent de l'étranger mais également à l'intérieur de nos frontières.

Personne n'ose le dire, et pourtant, c'est un truisme et un constat quotidien pour les observateurs silencieux de la vie publique. Tout le monde voit et pense la même chose et personne ne dit rien ; on est dans le « politiquement correct ». C'est une chape de plomb qui pèse sur le débat républicain, entretenue par ceux qui tiennent le pouvoir et par ceux qui ont intérêt à ce qu'ils le conservent. La richesse des idées dans le débat public en pâtit considérablement.

Le « système » en lui-même n'est pas directement en cause, mais celles et ceux qui le servent, ou plutôt qui s'en servent, devraient s'interroger sur leur responsabilité.

24 juin 2013

Je suis convié par le cabinet du directeur général de la gendarmerie à me rendre à l'École de police de Lyon. Je ne comprends ni la raison ni le côté mystérieux qui entoure cette invitation. Il faut en effet que j'effectue un aller-retour dans la journée qui ne doit figurer dans aucun agenda. Par bribes, le puzzle se met en place : une sortie de promotion de commissaires de police doit avoir lieu à l'École de Lyon. Pour le coup, l'invitation a du sens. La cérémonie se déroulera en présence du Premier ministre, Jean-Marc Ayrault, et du ministre de l'Intérieur, Manuel Valls.

À cette occasion est organisé un déjeuner plutôt confidentiel.

Autour du chef du gouvernement et du ministre, dix personnes. Tous les grands patrons de la police et de la gendarmerie. En dehors du secret qui l'entoure, aucun d'entre nous ne sait rien de cette rencontre, personne n'en connaît la raison. L'atmosphère est cependant plutôt détendue. Je suis assis à côté de Christian Lothion, directeur central de la police judiciaire, avec lequel les relations ont toujours été cordiales.

Le repas débute. Manuel Valls prend la parole et explique devant le chef du gouvernement qu'il a souhaité ce déjeuner afin que les responsables des forces de sécurité puissent lui présenter, en direct et sans intermédiaire, la situation du pays en ce qui a trait à la délinquance.

L'ambiance est étonnante. On perçoit clairement la volonté du ministre de l'Intérieur de faire passer des messages forts au Premier ministre. Il est évident qu'il compte pour cela s'appuyer sur l'expertise et le témoignage des responsables des forces de sécurité. Ses propos sont spontanément relayés par Claude Baland, DG de la police nationale, puis par Denis Favier, DG de la gendarmerie nationale. Rien n'a été vraiment préparé. Baland expose avec précision l'analyse de la police. Il dresse le bilan de l'augmentation des atteintes aux biens, décrit le phénomène des bandes organisées, en particulier l'irruption des gangs d'étrangers sur la scène du crime en France. Le Premier ministre semble pris au dépourvu. L'intérêt qu'il porte aux exposés et la nature des questions qu'il pose laissent planer un doute et suscitent des regards surpris parmi les assistants particulièrement concernés que nous sommes. Ce jour-là, on pouvait percevoir ce que j'ai interprété au mieux comme étant du détachement, au pire comme de l'ignorance dans les réactions du Premier ministre concernant les questions de sécurité.

À titre personnel, à la fin du repas, je reste confondu par la distance que je perçois entre la réalité du dispositif de sécurité que nous gérons sur l'étendue du territoire national et la perception des choses manifestée par le chef du gouvernement. J'éprouve une cruelle désillusion. Jusqu'à ce jour, je n'ai jamais parlé à quiconque de ce déjeuner. L'attitude du Premier ministre m'a plongé dans une profonde méditation, tout au long du voyage de retour en TGV. Ce jour-là, j'ai compris que l'action politique n'a pas la même signification pour tous les hommes investis de responsabilités publiques.

Ces circonstances, que j'avais un temps enfouies dans ma mémoire, et quelques autres expériences glanées au cours de mes pérégrinations dans les coulisses du pouvoir, sont entrées en résonance avec les paroles de Nelson Mandela découvertes, plus tard, dans son beau livre *Conversations avec moi-même*[1]. À propos de ceux qui dirigent et gèrent les affaires publiques, il observait : « Les dirigeants se divisent en deux catégories : ceux qui sont versatiles, dont on ne peut pas prédire les actions, qui sont d'accord un jour sur un sujet et qui se désavouent le lendemain, et ceux qui sont constants, qui ont le sens de l'honneur et une vision. »

Il serait hasardeux de faire la liste des uns et des autres… celle de la seconde catégorie pourrait être finalement assez courte.

1. La Martinière, 2010

Assumer des responsabilités publiques, en particulier politiques, nécessite un certain nombre de qualités humaines. Elles sont essentielles pour bien appréhender la réalité et mener une action cohérente et durable dans le souci de l'intérêt général. Elles reposent sur une certaine qualité d'écoute et sur l'empathie, une bonne capacité d'analyse et de décision, beaucoup de pragmatisme et des qualités morales dont l'honnêteté et l'exemplarité demeurent les plus évidentes.

Mais où sont ces qualités quand le comportement des responsables de notre pays suscite tant de réserves de la part d'une grande partie de la population ? Les élus nationaux et certains hauts fonctionnaires dont l'action se situe à la frontière entre l'Administration et le monde politique sont concernés. D'une manière générale, l'attitude, la façon d'être et d'agir de ces responsables provoquent chez les citoyens une sorte de résignation collective et un rejet de la chose politique. La conséquence la plus marquante en est la désaffection pour les affaires publiques qui se manifeste par un taux d'abstention aux rendez-vous électoraux qui ne cesse d'augmenter.

Il est d'ailleurs très curieux d'observer que les hommes politiques s'interrogent sur les raisons de cette désertion des urnes. Certains vont jusqu'à proposer de prendre des sanctions pour les citoyens qui ne s'acquitteraient pas de leur devoir civique. De telles propositions relèvent d'une absence totale de lucidité. Il faudrait en tout premier lieu sanctionner tous les députés absents de l'hémicycle au moment des votes, en particulier quand il s'agit de lois importantes pour le pays.

La première qualité d'un élu doit être l'exemplarité, ce qui n'est pas toujours le cas. Pour inciter les Français à participer aux scrutins, il serait plus utile d'identifier les causes réelles de ce désintérêt. Le retour des Français vers la vie politique interviendra lorsque l'action politique sera redevenue digne d'intérêt et pratiquée d'une manière respectable par des acteurs dont le comportement ne sera pas sujet à caution. Toute autre tentative sera inévitablement vouée à l'échec.

Le premier motif du désintérêt des Français tient au décalage entre la réalité et le discours des élites politiques si peu en rapport avec le quotidien de millions de nos compatriotes. Bien souvent, les sujets traités par l'exécutif se situent aux antipodes des préoccupations des citoyens, et les affaires mineures prennent le pas sur les vrais sujets de notre société.

Ce décalage existe déjà dans les promesses de campagne dont le but devrait être moins de faire rêver que d'indiquer le cap à suivre de manière résolue. Il se confirme dans l'action politique qui ne repose désormais que sur des effets d'annonces dans les médias pour faire des « coups politiques ».

La question de fond évoquée par Nelson Mandela ramène invariablement à deux angles d'appréciation des dirigeants : l'adéquation entre les paroles et l'action, et la cohérence de l'action dans la durée.

Les hommes et les femmes politiques les plus dangereux sont ceux qui, consciemment ou non, sont convaincus que le résultat des urnes leur confère une légitimité incontestable et que le mandat dont ils disposent constitue une sorte de blanc-seing. Dès lors, la pratique du dialogue contradictoire devient accessoire jusqu'à l'approche des échéances électorales suivantes.

Il arrive trop fréquemment que les intérêts particuliers prennent le pas sur la règle commune. Cette déviance et la déperdition de toute exemplarité concernent aussi bien les élus locaux, nationaux, que parfois même des membres de l'exécutif. Compromissions, abus de biens sociaux, travail au noir, revenus dissimulés, employés non déclarés, comptes à l'étranger et autres turpitudes, dont la liste ne sera jamais close, infectent toutes les allées du pouvoir.

Comment expliquer qu'en étant investi de responsabilités de haut niveau, qui exigent une véritable exemplarité, des élus ne respectent pas la règle commune qui s'applique à chaque citoyen ?

Ces écarts ne sont pas acceptables et pourtant, depuis des années, nous assistons à de multiples déviances, et ces personnages, coupables, ne sont pas mis à l'index. De ce point de vue, les autres démocraties européennes sont bien plus cohérentes. Il s'agit là, probablement, du plus grand hiatus entre la société française et la classe politique. L'exemplarité et le respect des principes de droiture et d'honnêteté ne souffrent pas ces petits arrangements auxquels plus de 66 millions de Français assistent, impuissants et indignés. Ces comportements sont comme un iceberg dont on ne connaît que la partie émergée. Ils disqualifient tous ceux qui les pratiquent, mais également, tous ceux qui les tolèrent. Ils ont un effet dévastateur sur les standards de moralité de la société. Les citoyens pour lesquels les règles de probité ne sont pas toujours claires ne peuvent être que confortés dans leur déviance lorsque des élus donnent de tels exemples.

La classe politique ne semble pas mesurer complètement les effets de ces écarts. Elle ne mesure pas non plus les conséquences de la manipulation des mots et des concepts utilisés, contribuant ainsi à leur dévaluation et à leur perte de sens.

Le manque d'exemplarité, les comportements critiquables, les promesses non tenues, les mensonges proférés de sang-froid expliquent la perte de crédibilité dont elle fait l'objet et « démonétisent » sa parole et les valeurs auxquelles elle fait référence, au point de donner l'impression d'une pure propagande.

Des exemples de ces mots qui provoquent des mimiques ironiques quand ils sont proférés par des hommes politiques ? Vérité, intérêt général, démocratie, justice sociale, solidarité, morale… Certaines expressions, aussi : « retour aux vraies valeurs », « rassemblement républicain », « idée de la France ».

Aujourd'hui, lorsque le monde politique s'empare d'un thème, quel qu'il soit, il devient instantanément suspect et déclenche un mouvement spontané de défiance de l'opinion publique. Cette réalité n'est contestée que par ceux qui en sont à l'origine ! Elle constitue un élément clé de la désaffection galopante des Français pour des thèmes qui devraient les mobiliser.

Par ailleurs, les attaques et les bons mots dirigés contre les personnes, parfois d'une manière agressive, voire violente à l'occasion d'un entretien, d'un discours de campagne, confirment que le débat d'idées n'a plus de place dans la vie politique d'aujourd'hui.

Il est vrai que les femmes et les hommes politiques de tous bords se mêlent de tout, ont des avis sur tous les sujets, veulent traiter des problématiques qui ne relèvent pas de leur responsabilité. Le désir d'être présent dans la vie publique et sur la scène médiatique provoque parfois des réactions intempestives qui ne laissent pas de surprendre. Une attitude qui contribue à la saturation des Français.

Depuis des années, il est désormais admis que des ministres en exercice soient directement impliqués dans les campagnes et les rassemblements politiques pour soutenir des candidats à diverses élections. Cela ne semble pas raisonnable. Outre le fait qu'une partie des moyens mis en œuvre pour ces déplacements sont financés par de l'argent public, l'exercice d'une fonction ministérielle devrait s'accompagner d'une certaine distance.

Une démocratie doit bannir l'image d'un État partisan car, tout comme le président de la République, le gouvernement est celui de tous les Français. Une certaine neutralité dans la vie publique devrait donc être la règle.

Promouvoir les candidats à une élection relève de la responsabilité des partis politiques et de leurs responsables ainsi que de certains élus influents. La place d'un ministre en exercice n'est pas dans cette arène mais dans les hémicycles, au Conseil des ministres et dans le règlement des affaires qui relèvent de son portefeuille.

La confusion entre la responsabilité au niveau de l'État et celle de l'action politique liée au parti contribue à brouiller le message de l'exécutif et à discréditer l'image des femmes et des hommes politiques. Ce mélange des genres est préjudiciable à la clarté de l'action de l'exécutif et participe au mouvement collectif de rejet.

Cette question devrait être tranchée définitivement en excluant purement et simplement l'intervention de ministres en exercice dans des réunions à caractère politique de soutien à un candidat.

Il y a quelques années déjà, exerçant des responsabilités de terrain dans un département du sud de la France, je participais régulièrement à un certain nombre de manifestations organisées par les élus. Pour la gendarmerie, la proximité avec les élus est un élément capital. J'avais prévu d'assister, dans l'exercice de mes fonctions, à la pose d'une première pierre d'un bâtiment public de la deuxième commune du département. Au cours d'un échange avec le préfet, celui-ci me déconseilla de m'y rendre.

En substance, il me dit qu'il n'était pas souhaitable que j'aie des contacts avec cette mairie dont l'orientation politique se situait à l'extrême. Très surpris par une telle prise de position, je lui répondis aussitôt qu'il s'agissait d'un maire démocratiquement élu et qui, par ailleurs, gérait sa commune de façon remarquable. Je décidai donc d'y aller et en outre de donner des directives à mes subordonnés pour préciser que tous les élus, quel que soit leur bord politique, devaient être traités de la même manière – en observant naturellement une prudente réserve. Celle-ci ne doit pas résulter de l'appartenance politique, mais du comportement personnel de certains élus qui ne s'accorde pas toujours avec la caution de ceux qui sont chargés d'appliquer la loi.

La neutralité de l'État est indissociable d'une certaine réserve par rapport aux péripéties de la vie quotidienne. Seul ce recul peut permettre la mise en œuvre d'une politique conforme aux objectifs, pour peu qu'ils soient clairs.

Cela implique que l'exécutif se concentre sur le cœur de son action en évitant de se disperser en événements ou interventions secondaires, toujours sujets à polémiques.

Depuis les années 2000, l'action du gouvernement est jugée par l'opinion publique comme étant partisane, partiale, politicienne, peu lisible et surtout peu soucieuse d'une véritable équité.

Les responsables politiques gagneraient singulièrement en crédibilité s'ils appliquaient en toutes circonstances une formule très simple : dire ce que l'on fait et faire ce que l'on dit. Il serait plus digne de garder le silence quand on n'est pas sûr de pouvoir agir. Malheureusement, le silence, la discrétion et les actes ne sont pas toujours les maîtres mots pour la plupart des femmes et des hommes engagés en politique.

Il n'en reste pas moins que celles et ceux qui décident à un moment de leur vie de consacrer de leur temps et de leur énergie aux affaires publiques méritent le respect. C'est le cas de la grande majorité des élus locaux qui, dans l'exercice de la démocratie quotidienne, essaient de gérer leurs circonscriptions – les communes en particulier – avec des moyens réduits et malgré la lourdeur bureaucratique de notre administration. Ces élus, généralement modestes et dévoués, permettent à nos collectivités locales d'assurer la gestion de la cité, c'est-à-dire l'organisation des services essentiels à la vie quotidienne.

La situation est un peu différente pour ce qui concerne les élus dont l'engagement politique s'est progressivement transformé en activité professionnelle. La politique est devenue leur principale source de revenus. La question est de savoir quel aspect a pris le pas sur l'autre : le revenu ou l'engagement ?

La professionnalisation de la politique constitue probablement la raison majeure du conservatisme structurel de la vie publique de la France et de l'immobilisme relatif dans lequel le pays est plongé depuis une cinquantaine d'années.

Comment peut-on justifier d'une longévité de plusieurs dizaines d'années dans la vie politique, sans parler de pantouflage, de certains professionnels de la politique qui ne savent plus rien faire d'autre ? Ils ont une addiction à l'adrénaline du pouvoir. Ce sont les plus imprévisibles, car ils repoussent chaque jour les limites de l'exercice de l'autorité et finissent par se retrouver dans un isolement psychologique total. En réalité, les effets négatifs du pouvoir ne peuvent être combattus que par une plus grande ouverture d'esprit et une écoute encore plus élargie. Car le pouvoir enferme dans une sorte d'autisme et de sentiment d'autosuffisance. L'ego prend le dessus sur tout le reste.

L'entourage des hommes politiques devrait jouer un rôle de transparence aux antipodes des comportements courtisans que l'on observe. Et que dire de toutes ces zizanies personnalisées, notamment à l'intérieur des formations politiques, de ces querelles de chiffonniers dont les termes déshonorants sont relayés complaisamment par les médias ?

Les Français sont las de tout cela. Et pourtant, malgré quelques accalmies dues parfois à la noirceur ou à la gravité de l'actualité, ces comportements déplacés et inutiles dominent de plus en plus la vie politique française.

Dernier aspect difficilement supportable pour ceux qui respectent encore quelques principes dans notre pays : le mensonge.

Mentir à des millions de personnes, alors que l'on est investi de la confiance de ceux qui ont voté, peut être considéré comme le paroxysme du déni de démocratie. Dans ces cas-là, il n'y a pas, en général, de désaveu clair, formel et public de toute la classe politique pour condamner ces comportements. Naturellement, les médias répercutent les tergiversations des uns et des autres, jouant une partition douteuse dans un jeu particulièrement malsain.

Ne pas prendre position clairement sur ces sujets constitue une faute politique, morale et éthique. En vérité, ne pas le faire revient à exprimer en creux une sorte de solidarité fétide avec les déviants. Et, bien sûr, le citoyen s'interroge sur la pérennité des normes de moralité. Car la société a besoin de repères clairs et de signaux sans ambiguïté. Au final, le spectacle donné par les hommes et les femmes responsables de la vie politique de ce pays constitue l'essentiel des causes de l'impasse collective dans laquelle nous nous trouvons aujourd'hui : les petits combats personnels, l'espoir d'une réélection, la perspective d'une promotion, en un mot, la soif de pouvoir et la non-maîtrise de l'ego sont souvent tout ce que nous percevons de nos dirigeants au quotidien. Ils creusent ainsi un fossé entre la réalité vécue par les Français et le monde politique, organisé autour de logiques étrangères à l'intérêt de la communauté nationale.

Ces hommes et femmes politiques ne connaissent pas cette réflexion d'un homme politique, Thucydide, ancien il est vrai puisqu'il vivait cinq siècles avant J.-C. :

« De toutes les manifestations du pouvoir, celle qui impressionne le plus les hommes, c'est la retenue. »

9

Éthique et responsabilité fiscale

La perception de l'État par les citoyens a pris ces trente dernières années un chemin très surprenant. Leur sollicitation de celui-ci est de plus en plus importante. Pour le comprendre, il suffit de constater que, lors de catastrophes naturelles, de récoltes détruites par les aléas climatiques ou de ravages causés par les forces de la nature, les premiers réflexes individuels et collectifs conduisent le peuple à se tourner directement vers l'État – État-Providence – afin de régler des différends, quels qu'ils soient. Un citoyen français au cours d'un voyage à l'étranger se met en difficulté de son propre fait ? Sa famille demande à l'État de régler la situation. Des individus inconscients se mettent en danger en montagne ou en mer ? L'État est sommé de mettre tous les moyens en œuvre pour les sauver.

D'un autre côté, on constate une baisse certaine dans l'acceptation par chacun des contraintes imposées par l'État au nom de la collectivité : tout le monde tend à se soustraire aux obligations des taxes et des impôts en particulier. Ce grand écart pose un vrai problème de société et nous ramène une fois de plus vers le dilemme entre le tout individuel et le raisonnablement collectif.

Parallèlement, au gré des choix successifs des gouvernants de tous bords, l'État ne s'est pas fermement engagé sur des sujets extrêmement importants. L'un d'entre eux choque de plus en plus de Français : la lutte contre la pauvreté.

Comment expliquer que, depuis vingt ans, la pauvreté et l'exclusion progressent sans que l'État s'engage en élaborant une réponse structurée et/ou une action cohérente. Objectivement, ce sont les associations qui organisent la lutte contre la pauvreté et l'exclusion. Et, malheureusement, elles voient le nombre de leurs bénéficiaires augmenter chaque année.

Quelle est la réponse de l'État ? Il n'y en a pas. Pas de plan conçu pour assurer une vraie politique avec des moyens, alors même que tous les discours officiels ne cessent de clamer la priorité de protéger les plus faibles.

Idéalement, notre pays devrait être doté d'un fonds national contre la pauvreté autour duquel s'articuleraient toutes les associations qui œuvrent dans ce sens. Aujourd'hui, celles-ci ne bénéficient de l'aide de l'État qu'à travers les dispositions fiscales qui encouragent les donateurs. Ce fonds national pourrait être alimenté par une dotation provenant des entreprises privées, sous certaines conditions d'intéressement. Mais il existe aussi des sociétés sous tutelle de l'État qui génèrent chaque année des bénéfices très importants. Elles pourraient affecter une partie de ces sommes à la lutte contre la pauvreté.

Il en est une, tout particulièrement, dont l'essence même la destine à un tel financement, c'est la Française des jeux dont le chiffre d'affaires s'élève à 12 milliards d'euros. Ce ne serait que justice que cette entreprise investisse dans l'assistance aux plus fragiles et aux plus pauvres d'entre nous, car ceux-ci constituent l'essentiel de sa clientèle. Un tel dispositif aurait en outre une dimension éthique. Cette entreprise qui appartient à 75 % à l'État et qui « fabrique » des gagnants très riches pourrait également contribuer à financer un dispositif s'adressant aux plus pauvres.

Quoi de plus emblématique pour une société que de participer au rétablissement des équilibres plutôt que de les aggraver ?

Une telle ambition n'existe pas. L'État se contente de discours, sans élaborer une politique cohérente et pérenne. Il est vrai que, pour un pays riche comme le nôtre, afficher une telle volonté et entreprendre la mise en place de structures réalistes et enfin efficaces pour lutter contre la pauvreté ne serait pas forcément valorisant. Cela pourrait ternir l'image de marque que nous souhaitons donner au plan international.

Pourtant il y a de plus en plus de pauvres en France. Nous en sommes collectivement responsables. Au-delà des discours politiques qui donnent bonne conscience, il faut agir. Être pragmatique, c'est aussi avouer que l'on n'est pas aussi performant qu'on souhaiterait l'être.

La lutte contre la pauvreté a un objectif unique : sortir le plus vite possible de leur situation précaire ceux qui s'y trouvent pour les réinsérer dans la vie sociale. Cela suppose que les bénéficiaires du dispositif n'en soient pas durablement tributaires. Le contraire serait un contresens absolu.

L'enjeu est considérable. La lutte contre la pauvreté n'est pas dissociable de notre système de protection sociale. Celui-ci est une des richesses les plus précieuses de notre société. Mais une richesse, qu'elle soit matérielle ou pas, cela s'entretient. Or la nôtre se dévalue régulièrement au point qu'elle pourrait être menacée un jour prochain. Beaucoup de nations nous envient notre merveilleux système de protection sociale. Il constitue un élément important de l'attractivité de notre pays vu de l'étranger. Pour être très direct, autant dire que si la France n'offrait pas un service de santé gratuit et une couverture sociale de cette qualité, les mouvements migratoires seraient très probablement moins conséquents.

Sécurité sociale, Pôle emploi, Unédic, Urssaf, allocations familiales, autant d'organismes symboles de la solidarité qui permettent à ceux qui sont dans la difficulté de pouvoir faire face à la vie quotidienne.

Mais chacun le sait, pour l'avoir constaté autour de lui, ces organismes font l'objet d'abus et de fraudes diverses qui pénalisent l'ensemble du dispositif. C'est une réalité. Dans l'exercice de mes responsabilités en tant que directeur des Opérations de la gendarmerie, j'ai parfaitement mesuré le nombre d'affaires de fraude traitées par les unités et les préjudices colossaux en termes financiers qu'elles généraient. Ce qu'accomplit la gendarmerie n'est qu'une goutte d'eau par rapport à ce qu'il faudrait faire.

Cette fraude s'exprime de plusieurs manières : par les moyens divers pour échapper à la cotisation (dans ce domaine, l'imagination « citoyenne » n'a pas de limites) et par la perception indue d'une partie des aides sociales (même remarque). Ce n'est cependant que la partie émergée de l'iceberg. Les montants financiers de la fraude aux organismes sociaux mis bout à bout représentent des sommes colossales.

La Cour des comptes, dans un rapport de 2014, estime la fraude des cotisants (entreprises ou indépendants) à 20 milliards d'euros. La fraude, détectée au cours de l'année 2012 par les caisses de Sécurité sociale servant des prestations sociales, atteint 290,66 millions d'euros, selon des chiffres communiqués par la délégation nationale à la lutte contre la fraude.

On considère que la fraude réelle, non détectée, représente au moins dix fois ce montant, c'est-à-dire qu'elle se chiffre aux alentours de 2,9 milliards d'euros. Le ministère du Budget conteste ces chiffres. Cependant, un document établi à la demande de la Commission européenne en 2013 évalue à 30 milliards d'euros la fraude à la TVA en France. La fraude et l'évasion fiscales, enfin, représentent, selon une estimation établie par un syndicat de fonctionnaires de Bercy, entre 60 et 80 milliards d'euros.

Par ailleurs, en marge de la fraude, l'exemple de nombreuses entreprises françaises qui pratiquent « l'optimisation fiscale », c'est-à-dire la fuite de recettes fiscales vers l'étranger – en toute légalité –, fournit l'illustration de ce laisser-aller en matière de fiscalité. L'addition de ces chiffres qui donnent le vertige s'élève en fourchette haute à 133 milliards d'euros. Cela représente plus de deux fois le montant des économies que le gouvernement souhaitait réaliser au printemps 2014. Mais c'est également deux fois le montant du budget 2015 de l'Éducation nationale (68 milliards d'euros), alors que dans le même temps celui du ministère de la Justice s'élève à seulement 8 milliards d'euros.

Pour compléter le tableau, on pourrait y rajouter la politique en faveur du logement qui coûte plus de 40 milliards d'euros par an et dont on mesure le manque d'efficacité depuis de nombreuses années. Et, dans ce domaine, la fraude et les abus de toutes sortes sont légion. Naturellement, les esprits chagrins et ceux qui défendent l'orthodoxie et le « politiquement correct » contesteront l'exactitude de ces chiffres, mais la démonstration n'a pas de caractère scientifique et ne vaut que pour les ordres de grandeur et les enjeux que ce fléau représente. Il faut compléter ce panorama avec une autre forme de fraude qui représente un danger considérable pour notre économie et nos entreprises : la contrefaçon. Elle génère une économie souterraine qui contribue notamment au financement de certaines organisations terroristes. Il ne s'agit pas tant des imitations de produits de luxe que de médicaments, de pièces détachées automobiles ou de cigarettes. Ces flux financiers très importants échappent aux circuits habituels et menacent l'équilibre de notre système. Nous devrions lutter avec détermination contre ce phénomène en pleine expansion mais nous ne le faisons pas à la bonne échelle.

Quelques signes encourageants se manifestent depuis quelques mois, puisque la Sécurité sociale et Pôle emploi annoncent des mesures pour lutter contre la fraude. Compte tenu de l'ampleur du phénomène, il serait bien plus cohérent que l'État annonce clairement cette politique de lutte en y dédiant des moyens, plutôt que de laisser les organismes s'y engager en ordre dispersé.

Il est nécessaire que l'État s'organise efficacement pour lutter contre cette situation mortifère, qui l'est pour plusieurs raisons. La première, la plus directe, est la plus aisée à appréhender. Toutes ces fraudes menacent l'équilibre budgétaire de ces organismes cités plus haut, et le budget de notre pays. Le montant des sommes impayées et de celles indûment versées pèse sur le financement et aggrave le déficit de ces caisses. En effet, tous les déficits – le cas le plus flagrant étant la Sécurité sociale – doivent être financés. Dès lors, deux sources de financement sont possibles. Soit cette charge revient sur les cotisations sociales des employeurs ou des salariés ; soit elle est imputée à certains impôts directs ou indirects. En définitive, ce sera toujours le contribuable qui paiera la facture. Ainsi, les fraudeurs augmentent leur pouvoir d'achat, tandis que diminue celui des honnêtes gens qui contribuent au financement de la solidarité. Il y a donc là une mécanique qui doit être enrayée au plus vite. Cela demande des décisions courageuses pour mettre en place un dispositif efficace de contrôle. Il va sans dire que la masse salariale de ceux qui seraient chargés de ce contrôle serait largement autofinancée par les gains réalisés.

La deuxième raison est plus insidieuse : la fraude, très largement présente au quotidien, finit par laisser émerger dans la conscience individuelle de toute une frange de la population que frauder n'est pas si grave puisqu'il n'y a ni réaction organisée, ni sanction. Cela encourage les moins vertueux à continuer, et ceux qui n'ont pas franchi le pas à l'envisager.

En définitive, les honnêtes gens se posent la question de savoir s'ils ne sont pas les imbéciles de service, puisque ceux qui profitent et fraudent ouvertement sont si nombreux. De ce point de vue, l'État, en ne se dotant pas des moyens efficaces pour lutter contre cette fraude, porte une grande responsabilité dans la dégradation du niveau de moralité chez une partie de la population.

La troisième raison est une question de principe et de justice sociale. La règle doit être appliquée strictement. Que ceux dont la situation le justifie bénéficient de la solidarité collective ; ceux qui n'y ont pas droit ne doivent pas tricher.

Laisser des fraudeurs profiter d'aides auxquelles ils n'ont pas droit constitue une faute de l'autorité publique. Elle contribue à conforter voire à aggraver les inégalités sociales.

Enfin, cela contraint l'État à prendre des mesures qui font peser l'effort de rééquilibrage sur la catégorie sociale qui supporte en permanence le poids de la fiscalité : la classe moyenne, qui finit par avoir le sentiment de financer en permanence la justice sociale sans jamais en profiter.

Cette situation alimente insidieusement la segmentation de la société déjà évoquée. Elle n'offre aucune alternative, tant les effets sur notre pacte social sont lourds de conséquences.

Oui, les abus doivent être sanctionnés. Contrairement à une idée largement répandue, sanctionner n'est pas stigmatiser ni jeter l'opprobre sur qui que ce soit. L'essentiel est de rappeler la règle et de faire en sorte que ceux qui exploitent frauduleusement le système soient identifiés et réparent les dommages qu'ils ont causés. La sanction adaptée doit être juste. Elle ne relève pas obligatoirement des peines habituelles.

La sanction comporte une vertu pédagogique. Dire que la peur d'être pris en faute n'a pas d'effet sur le comportement révèle une méconnaissance profonde de la nature humaine, de la vie sociale, ou bien témoigne d'une idéologie aveugle et dangereuse. Ne pas combattre la fraude, c'est laisser l'injustice sociale et l'incompréhension s'installer durablement.

Je suis intimement convaincu qu'il est urgent d'organiser sérieusement la lutte contre la fraude aux organismes sociaux et au fisc. C'est avant tout une question d'équité et un signal en direction de notre corps social qui a cruellement besoin de repères.

Enfin, le montant cumulé de toutes ces fraudes permettrait d'équilibrer les comptes de la plupart des organismes de solidarité, de résorber une partie de la dette, d'augmenter les moyens de certains ministères régaliens et de financer des projets vitaux – par exemple la lutte contre la pauvreté.

Pour conclure, avec une mesure de bon sens mais courageuse, le message de l'État vers le corps social pourrait être perçu avec clarté et sans ambiguïté. Il en résulterait un impact positif sur les finances publiques.

Le message de l'État doit s'adresser à tous, et tout particulièrement à l'avenir du pays : la jeunesse. Sa mission la plus noble est de transmettre aux jeunes l'idée que les grands enjeux collectifs priment sur les intérêts individuels ; de leur enseigner que leur sécurité est subordonnée à celle de l'ensemble de la société où ils vivent et dont ils sont la plus grande richesse ; que leur identité même est liée à la nature profonde de la société dans laquelle ils élèveront leurs enfants et qu'ils auront contribué à édifier, avec les valeurs qui la définissent. En France, la solidarité est l'une d'elles, l'une des plus fondamentales et l'une des plus difficiles à inscrire dans l'action politique de l'État. Parce que cela implique presque toujours de grands sacrifices individuels.

L'imposer et en régler l'usage demande un grand courage politique.

Le courage est une vertu cardinale, il est un élément essentiel de l'art de gouverner. L'engagement au service de la collectivité impose le courage. Cette qualité est essentielle, elle permet d'affronter la réalité de manière lucide, de l'analyser pour définir la décision à prendre et la conduite à adopter. Or certaines décisions – et c'est le cas en matière de fiscalité – peuvent ne pas être populaires, même si elles sont parfaitement justifiées.

Un choix en politique comporte toujours des conséquences sur l'image de celui qui le fait, et a des effets potentiels sur les échéances électorales à venir. C'est en ce sens que le courage et la politique se tiraillent et peuvent ne pas être compatibles.

Le courage ne consiste pas à annoncer d'hypothétiques décisions au cours d'un discours de campagne, à dévaloriser ses adversaires devant des caméras ou à vociférer lors de réunions publiques. Le courage n'est pas démonstratif.

Le vrai courage, c'est affronter la réalité et décider pour la collectivité en assumant les conséquences en termes de popularité ou de résultats dans les sondages. C'est aussi savoir résister aux pressions, au nom d'intérêts supérieurs et parfois en vertu de certains principes qui n'ont de valeur que lorsqu'on y croit vraiment.

La pratique politique dans notre pays a véritablement divorcé de cette vertu cardinale pour des raisons exclusivement électorales ou d'ambitions personnelles. Les responsables successifs ont tout simplement laissé dériver nos pratiques politiques, économiques et sociales en ne mesurant pas toujours les conséquences des petits renoncements, des choix de facilité, et en manquant régulièrement de courage devant les situations compliquées à gérer.

Cette attitude déplorable a été celle des politiques de tous bords, depuis de nombreuses années, animés par des intentions trop souvent éloignées de celles dont ils se réclament.

Les hommes et les femmes politiques d'une manière générale, ainsi que bon nombre de hauts fonctionnaires, portent une grande responsabilité dans cet état de dégradation sociétale. Le contexte de crise économique que traversent notre pays et tous les pays d'Europe ne saurait servir d'excuse à leur manque de rigueur. Certes, il ne s'agit pas d'ignorer la complexité des situations auxquelles sont confrontés ceux et celles qui assument des mandats politiques, ni de minimiser l'effet de la pression permanente qui s'exerce sans cesse sur eux. La lucidité impose de dresser un constat partagé par une grande partie du corps social, toutes catégories confondues. Et ce constat est cruel, à n'en pas douter. Mais l'exercice de la démocratie passe également par des moments de vérité que certains ne sont pas toujours prêts à accepter. Cela fait cependant partie de la vie publique d'assumer ses propres contradictions et d'en tirer les conclusions.

Il n'en reste pas moins que les mœurs politiques en usage chez les élus et responsables de niveau national sont assez éloignées de ce que la majorité des Français attend. Ce qui n'entraîne, hélas, aucune réaction de fond dans le milieu politique.

Au niveau des méthodes de gouvernance, le manque de courage des responsables a pour conséquence la pratique quasi routinière d'un comportement particulièrement pernicieux pour l'exercice de la démocratie : la détestable habitude de gouverner par consensus.

La recherche systématique du consensus est la pire des postures car elle vise à supprimer la confrontation des idées. C'est une attitude inféconde, elle favorise la capitulation face à la moindre contradiction et l'émergence d'une démocratie au rabais au détriment de l'exigence du meilleur possible.

Le consensus fait la part belle aux jeux de pouvoir, à la satisfaction immédiate de revendications souvent injustifiées, en se fondant sur une sorte de soumission plus ou moins librement consentie. Il malmène sérieusement l'éthique car il écarte la mise en perspective de tous les possibles.

Le conflit et le choc des opinions ont des vertus vivifiantes car ils permettent l'affleurement de toutes les visions. C'est dans l'expression dialectique des idées que la démocratie prend toute sa plénitude. Cette saine confrontation débouche sur des compromis qui rythment la démarche de progrès.

La recherche permanente du consensus constitue une déviance et un substitut à la notion la plus sécurisante de la démarche politique : l'unanimité. Mais l'unanimité demeure un idéal qui, par essence, n'est pas réalisable.

En se débarrassant de la différence et de la contradiction, la démocratie se contente d'une situation moins-disante. Elle fabrique de la sympathie artificielle, rarement conforme aux intérêts collectifs à long terme. Au lieu d'élaborer une stratégie visant à atteindre des objectifs ambitieux, elle en arrive à éviter de mécontenter la majorité des parties prenantes.

La recherche du consensus est un poison pour la démocratie.

10

La fonction publique, les vertus républicaines et le service de la nation

Depuis 1963, la région Nantes-Saint-Nazaire a été désignée pour faire l'objet d'un aménagement, dans le cadre d'un vaste projet de décentralisation. Les zones définies dans ce projet doivent bénéficier d'apports dans des secteurs prestigieux comme la recherche, les universités, etc. La construction d'un aéroport intercontinental n'est qu'un aspect d'un programme global, envisagé au plan national.

Une Zone d'aménagement différé (ZAD) de 1 225 hectares a été définie en 1974 pour permettre au département de la Loire-Atlantique, maître d'œuvre du projet, de se porter acquéreur des terrains nécessaires à la construction de l'aéroport et de ses dessertes routières et ferroviaires.

D'entrée de jeu, des associations d'agriculteurs s'opposent à la construction d'un aéroport de cette envergure sur le site de Notre-Dame-des-Landes. Le projet est mis en veille pendant de nombreuses années.

Il est réactivé en 2000, sous le gouvernement Jospin. Malgré les avis défavorables du Grenelle de l'environnement, le projet est décrété d'utilité publique en 2008. Dès 2010, des manifestations plus ou moins vigoureuses s'amorcent, suite au choix de la compagnie chargée d'exécuter les constructions (Société Aéroports du Grand Ouest, une filiale de VINCI Airports).

La Zone d'aménagement différé est dénommée « zone à défendre » par les groupes d'opposants qui squattent illégalement les habitations délaissées sur le site. En 2008, la zone fait l'objet d'une occupation. Ce mouvement s'amplifie en 2009, avec l'organisation d'un Camp action climat. Ceux qu'on désigne désormais sous le vocable de « zadistes » souhaitent « profiter d'espaces laissés à l'abandon pour apprendre à vivre ensemble, à cultiver la terre, à être plus autonomes vis-à-vis du système capitaliste ».

De 2008 à 2012, selon la Fédération anarchiste, « cette ZAD est devenue, depuis plus de trois ans, le lieu d'expériences alternatives et autogérées très intéressantes pour plus d'une centaine de personnes y résidant et pour les milliers qui y sont passées, appréciant la créativité : terres maraîchères défrichées collectivement, construction de cabanes, de fours à pain, cuisines collectives, rencontres, échanges de savoirs (de la sérigraphie à la découverte des plantes sauvages comestibles), concerts à prix libre, création d'une radio locale et d'une revue.. ». Cependant, la présence des squatteurs de la ZAD ne semble pas être du goût des riverains qui se plaignent de dégradations, de vols, de violation de propriété privée, d'insultes, de menaces commis par les « zadistes » les plus radicaux.

Depuis, l'agitation ne cesse de s'amplifier : l'opinion publique s'agite, les écologistes demandent que la déclaration d'utilité publique concernant la construction de l'aéroport soit réexaminée. Selon ces militants écologistes, l'augmentation du prix des carburants ne justifiant plus la construction d'aéroports.

Le parti Europe Écologie Les Verts (EELV) proteste contre la destruction de terrains agricoles, contre la construction du complexe aéroportuaire qui aurait pour effet l'augmentation de l'effet de serre, la destruction de la « dernière zone de bocage de la région », l'augmentation de la pollution par le bruit, la mise en danger des espèces protégées, des oiseaux, des poissons, des lézards, et surtout des tritons marbrés et des tritons crêtés...

Les tribunaux sont saisis. La Cour de cassation déboute les opposants, les instances européennes émettent des avis contradictoires.

L'année 2012 marquera le paroxysme de l'action des adversaires du projet de Notre-Dame-des-Landes.

Le 24 mars 2012, une grande marche réunit à Nantes l'ensemble des opposants (3 000 personnes selon la police, 10 000 selon les organisateurs) et 200 tracteurs. Un millier de policiers et gendarmes, un hélicoptère et des canons à eau sont mis en action pour faire face aux manifestants. Des affrontements éclatent à la fin de la manifestation.

Le 11 avril 2012, deux agriculteurs de Notre-Dame-des-Landes entament une grève de la faim sur le pont Morand, à Nantes.

Le 16 octobre 2012, l'opération César est lancée. Il s'agissait de déloger les squatteurs de la ZAD, et leurs soutiens. Près de 1 500 gendarmes et policiers interviennent, appuyés par deux hélicoptères. La résistance des squatteurs est telle que l'opération obtient des résultats limités. Seuls quelques points d'accès sont dégagés. La sympathie pour le mouvement des opposants atteint un niveau considérable à l'échelle nationale. En réaction, le 17 novembre 2012, une manifestation de « réoccupation » rassemble les opposants sur les mêmes lieux.

La préoccupation évidente, chez les gendarmes, a été, tout au cours de ces événements : pas de blessés ni de morts chez les zadistes.

L'objectif est atteint mais, dans le mois qui suit, l'avantage pris par les forces de l'ordre est perdu : la pression exercée, notamment par des dégradations sur les permanences du Parti socialiste dans de nombreuses villes, fait momentanément reculer le gouvernement.

Pendant de nombreux mois, des centaines de gendarmes restent présents aux abords de la ZAD, sans avoir véritablement de mission. Ils subissent régulièrement des agressions, au rythme du comportement erratique des occupants illégaux, sur fond d'alcool et de produits stupéfiants. Ils sont sans cesse harcelés et soumis à des provocations incessantes.

Le 15 avril 2013, nos hommes sont attaqués par les zadistes. Quatre gendarmes mobiles de l'escadron du Havre sont blessés. L'un d'entre eux reçoit un cocktail molotov en pleine tête. Il ne devra son salut qu'à la chance et à la présence d'esprit de ses camarades. Souffrant de très sérieuses brûlures au cou et au visage, il passera plusieurs semaines à l'hôpital. Cet épisode, comme tant d'autres, est passé totalement inaperçu. Et, en plusieurs occasions, les zadistes ont agressé les gendarmes avec la volonté d'en découdre et de faire de la casse.

La confrontation entre forces de l'ordre et zadistes est le résultat d'un pourrissement de la situation dû à une absence de stratégie. Si les forces de l'ordre sont présentes pour remplir une mission, elles devraient recevoir des ordres précis : par exemple démonter les barrages qui obstruent la voie publique. Mais elles assistent, impuissantes, aux actions des marginaux qui, selon les jours, les narguent ou les provoquent. C'est la pire des situations, les dépositaires de l'autorité sont présents et ne sont pas en mesure de faire leur travail. Cette situation est supportable ponctuellement, mais elle est intenable, et surtout contre-productive, quand elle devient permanente.

Or ce fut le cas à Notre-Dame-des-Landes dès 2010.

Fin avril 2013, quelques semaines après avoir pris mes fonctions de directeur des Opérations et de l'Emploi de la gendarmerie, je me rends en Loire-Atlantique, à Notre-Dame-des-Landes, transformé en haut lieu de contestation. La gendarmerie mobile s'y trouve engagée dans des conditions plutôt étranges. Trois escadrons (225 gendarmes) sont là, « scotchés », depuis des mois. De Paris, je n'arrive pas à bien comprendre ce qui se passe. Pour mieux évaluer la situation, je me rends donc sur place. Sur tous les points particuliers dits « chauds », barricades, édifices régulièrement pris d'assaut par les zadistes, campements de manifestants, j'échange avec les gradés et le responsable du dispositif.

Avant de regagner Paris, j'indique mes conclusions au préfet de région. Puis j'adresse un compte rendu au directeur général de la gendarmerie nationale et au cabinet du ministre de l'Intérieur. Dans ce document, je précise que nous n'avons qu'une alternative : soit nous maintenons de gros moyens sur place mais avec une mission utile et claire, soit nous réduisons notre présence au minimum – quelques patrouilles et une réserve d'intervention. Cette solution a nettement ma préférence.

Pour des raisons de cohérence dans l'action, mais également pour des motifs financiers, la décision est prise, quelques semaines après, de retirer deux escadrons de gendarmes mobiles de Notre-Dame-des-Landes.

Les missions de l'unité restée sur place sont précisées. Enfin. Ce qui permet, dans les mois qui suivent, d'éviter les affrontements et les tensions inutiles.

Finalement, le Premier ministre Jean-Marc Ayrault (qui fut conseiller général de Loire-Atlantique et maire de Saint-Herblain dans les années 1970-1980, puis maire socialiste de Nantes de 1989 à 2012 et qui avait toujours soutenu fortement le projet) cède devant la pression populaire. Le projet est, une fois encore, non pas abandonné, mais mis en sommeil.

Cependant, malgré un bras de fer qui dure depuis quarante ans, l'affaire est loin d'être terminée. En juillet 2015, la coordination des opposants au projet du complexe aéroportuaire de Notre-Dame-des-Landes lance un nouvel appel à une grande manifestation sur le thème « Chauffe la lutte, pas le climat ! ». Le texte de la convocation précise : « Le projet aurait dû être abandonné depuis longtemps, si l'on s'en tient aux magnifiques discours selon lesquels la France (et ses institutions, aux différents niveaux...) serait responsable et exemplaire dans la lutte contre le réchauffement climatique. Ses politiques sont en contradiction avec sa prétention à être motrice de l'accord qui doit sortir de la COP21 début décembre à Paris. Il est plus que temps que les actes se conforment enfin aux discours ! Nous l'exigerons ensemble, et notre rassemblement sera l'un des jalons importants sur le chemin de la COP21 : il n'y a pas de planète B ! Freinons le réchauffement climatique ! »

Le cas de Notre-Dame-des-Landes est emblématique des abcès de contestation qui peuvent se radicaliser et dégénérer. Il en existe actuellement une bonne dizaine qui sont dénommés de manière générique Zones à défendre (ZAD).

Certaines sont connues, telles Sivens et Roybon, d'autres existent avec une mobilisation plus ou moins importante : dans les Yvelines (ZAD des patates) ; en Alsace, pour le grand contournement de Strasbourg ; dans le Morvan, la ZAD de Notre-Dame-des-Bois contre un incinérateur-scierie industriel ; dans les Alpes, avec les opposants à la ligne haute vitesse Lyon-Turin ; à Bure, pour des questions de déchets radioactifs.

Et cette liste est loin d'être exhaustive.

Ces abcès se multiplient de manière inquiétante. De plus en plus, les unités de la gendarmerie – territoriales et mobiles – sont régulièrement mobilisées pour éviter ou contrer les affrontements.

Pour ce qui concerne Notre-Dame-des-Landes, le projet a fait l'objet, compte tenu de son ampleur, d'une enquête de la Commission nationale du débat public (CNDP) pendant six mois du 15 décembre 2002 au 28 mai 2003. Le décret d'utilité publique est publié en 2008. Les procédures d'appels d'offres se concluent en 2010. Pas moins de sept enquêtes publiques complémentaires ont été réalisées en

2012. Autant dire que, au plan juridique et de la concertation, les choses ont été réalisées au-delà de ce qu'il était raisonnable de faire. Que ce projet soit toujours en souffrance, à cause de l'agitation de quelques groupes d'énervés minoritaires, est inconcevable. Christophe Barbier, directeur de la rédaction de *L'Express*, le dit très bien : « Le zadisme est le synonyme d'une dérégulation de notre système démocratique. Les mouvements spontanés finissent par avoir plus de force que le vote. Il faut retrouver des leaders politiques, qui redonnent foi dans la politique. »

D'une manière générale, l'indécision et l'imprécision des objectifs fixés aux forces de l'ordre par l'autorité civile sont une source de difficultés inextricables. Nous avons pu le constater à Notre-Dame-des-Landes, mais ailleurs aussi.

À Sivens, l'édification d'un barrage est prévue – depuis 1969 ! – sur le cours du Tescou, un affluent du Tarn dans le bassin de la Garonne Ce projet vise à la création d'un lac de barrage permettant la constitution d'une réserve d'eau d'un volume de 1,5 million de mètres cubes. Cette réserve serait utilisable notamment pour l'irrigation des terres agricoles, dans une région où les besoins en eau sont aigus et où l'agriculture constitue l'activité principale.

La construction du barrage fait l'objet de vives protestations de la part des écologistes, car une précieuse zone humide de douze hectares serait inondée par le lac artificiel, causant la disparition d'espèces menacées comme la Cordulie à corps fin, l'Agrion de Mercure, la grenouille agile et la salamandre tachetée…

Les agriculteurs, quant à eux, soutiennent le projet qui permettrait de meilleurs rendements pour leurs cultures. Bien qu'ils soient encore les principaux agents économiques de la région, les cultivateurs n'arrivent pas à avoir gain de cause face aux écologistes. Ceux-ci, utilisant les mêmes méthodes que les zadistes de Notre-Dame-des-Landes, occupent le terrain.

Par deux fois, la gendarmerie les expulse sur décision de justice. Par deux fois, ils réoccupent la zone.

À l'été 2014, des opérations de déboisement sont menées et provoquent de nombreux heurts entre gendarmes et manifestants. Les travaux progressent dans la difficulté que l'on peut imaginer. Les opposants tiennent bon.

Le 25 octobre 2014, la Coordination des opposants au barrage de Sivens appelle à un grand rassemblement. Cécile Duflot (alors présidente du groupe écologiste), Noël Mamère (député de Gironde, maire de Bègles, écologiste), José Bové et Pascal Durand (députés européens EELV), Jean-Luc Mélenchon (député européen du Parti de gauche) viennent apporter leur soutien aux manifestants.

Dans la nuit du 25 au 26 octobre, au cours d'un affrontement d'une rare violence entre les manifestants et les forces antiémeutes, une grenade offensive lancée par un gendarme vient se coincer dans le sac à dos d'un jeune homme et cause son décès. Rémi Fraisse, dix-neuf ans, devient le martyr de la cause.

Un an après le drame, une statue est élevée sur le site portant l'inscription « Nous, humains, enfants de la Terre, continuons le combat pour la vie ».

En janvier 2015, le projet de construction du barrage de Sivens a été enterré par Ségolène Royal, ministre de l'Écologie, du Développement durable et de l'Énergie.

Le drame de Sivens, pour lequel une commission parlementaire récente a entendu de nombreux responsables, est intéressant et doit être analysé sous deux angles.

Le premier concerne directement la procédure d'information et de concertation. En clair, le projet de Sivens n'a fait l'objet d'aucune procédure de débat public : le niveau de l'investissement se situe en dessous de 300 millions d'euros. Cette somme représente le seuil à partir duquel la saisine de la CNDP et un débat permettant d'entendre toutes les parties sont obligatoires.

Pour Sivens, seule une déclaration d'utilité publique de novembre 2012 a validé le projet. L'exercice de la démocratie locale ne peut plus se contenter de ces procédés insuffisants. La concertation doit avoir lieu pour permettre d'entendre les arguments de toutes les parties concernées. Ce n'est pas exactement ce qui s'est passé dans le Tarn. Les responsables politiques locaux, en dépit de toutes les oppositions et des recours qui ont été formulés, n'ont pas souhaité prendre ces doléances en compte.

Les prendre en compte ne signifie pas obligatoirement les accepter, mais au minimum, les entendre et éventuellement réaménager le projet en fonction des suggestions avancées.

En décembre 2012, le Conseil scientifique régional du patrimoine naturel de Midi-Pyrénées consulté émet un avis défavorable.

En 2013, nouvel avis défavorable émanant, cette fois, du Conseil national de protection de la nature.

De nombreux scientifiques et l'Office national de l'eau et des milieux aquatiques (ONEMA) s'expriment sur les impacts non évalués du projet.

La décision de début des travaux est maintenue.

En septembre 2014, les zadistes passent à l'action. Finalement, après des mois d'affrontements et un mort, la suspension des travaux intervient et une solution négociée est en train de voir le jour.

Pourquoi ce compromis n'a-t-il pas été esquissé avant tous ces événements ?

L'absence de clairvoyance de quelques élus et des représentants locaux de l'État est patente. Dans cette affaire, l'autorité administrative du département n'a pas joué son rôle de médiateur et de régulateur. Il aurait dû le faire dès les premières contestations, en 2009. La solidité juridique n'était pas totalement acquise sur le projet.

C'est dans ce contexte peu stabilisé que les forces de l'ordre ont pris position et défendu le terrain.

Les affrontements de Sivens ont duré des mois, et le drame qui s'y est produit est le résultat d'un processus de concertation inachevé et d'un fonctionnement imparfait de la démocratie locale.

Dans ce genre de situation où rien n'est clair, où toutes les contradictions s'expriment dans le désordre, dans un climat d'imprécision et de faiblesse généralisées, les forces de l'ordre sont toujours l'exutoire des crispations. Elles servent de défouloir aux frustrations des opposants et des partisans, car elles sont le symbole de l'autorité et la cible du ressentiment de toutes les parties.

La commission parlementaire relative à l'intervention au maintien de l'ordre a parfaitement compris qu'il n'y a dans notre pays aucun problème de fond en termes de doctrine ni de technique de maintien de l'ordre. La solution de nos problèmes est strictement liée à la présence de l'autorité civile d'abord, puis à la clarté et à la cohérence des orientations de l'autorité administrative.

C'est le deuxième aspect important de l'engagement des forces de l'ordre auxquelles l'autorité administrative ne donne pas toujours de directives précises sur l'effet à obtenir sur le terrain.

Finalement, les procédures de concertation locale sont incontournables. L'écoute de toutes les parties concernées devrait être la règle dans la pratique de la démocratie à tous les niveaux. C'est tout le débat concernant la place laissée à l'expression des citoyens dans la vie publique en général.

En revanche, lorsque tout est en ordre juridique et que les décisions équilibrées sont prises, il en va de la cohérence de l'action de l'État de ne pas se laisser déstabiliser par une poignée d'agitateurs et de marginaux.

Nous sommes là au cœur d'un débat de fond. Comment l'État doit-il faire appliquer les décisions qui ont été prises ? Quels moyens doit-il et peut-il mettre en œuvre ? Quel est le degré de fermeté qu'il doit montrer ? Ma conviction aujourd'hui est que l'État doit montrer de la fermeté. Je ne dis pas de la violence et de l'arbitraire, mais face à des groupes ou à des mouvements il ne faut pas laisser faire n'importe quoi. C'est pourtant bien l'impression que donne l'action de l'État depuis bien trop longtemps. L'État, dans la résolution des crises, n'est capable d'aucun message de fermeté lorsque c'est nécessaire. Tous les conflits actuels le démontrent. C'est à juste titre un motif d'inquiétude des Français et malheureusement une des raisons de la « radicalisation » de leur vote dans les isoloirs. Ce constat très inquiétant ne peut pas être éludé.

*

Au-delà des considérations de légalité, agir en politique pose toujours, au niveau des moyens et des méthodes, la question de la morale.

Il ne faut pas confondre morale et politique. Mais il ne peut y avoir de politique solide et pérenne qui ne s'appuie sur des principes moraux.

La morale est l'ensemble des normes et des règles de conduite propres à une société. Il semble naturel que l'action politique s'y réfère constamment. La coïncidence entre les actes des gouvernants et la morale garantit une certaine cohérence et crée un cadre de références commun à tous les citoyens.

La morale est le socle intangible de la stabilité et l'harmonie d'une société. Les avis sont partagés sur le contenu de la morale politique.

L'équilibre se trouve sans doute entre les extrêmes que représentent la vision platonicienne et celle de Machiavel.

Platon et Aristote confondent morale et politique. *La République* de Platon traite à la fois de morale et de politique. La cité idéale et son organisation reposent avant tout sur la qualité de ceux qui la dirigent. C'est une vision utopique qui a cependant quelques vertus. La cité est bonne lorsqu'elle est en ordre, c'est-à-dire lorsque chacun est à sa place, selon la loi, et que la force soutient le droit moral.

En contrepoint, les prescriptions de Machiavel, dans *Le Prince*, paraissent plus proches de notre actualité. En l'espèce, il conseille au Prince, pour s'assurer le soutien et l'appui du peuple, de respecter, au moins en apparence, les règles de morale communément admises. Son comportement privé et le mépris que ces règles peuvent lui inspirer n'ont que peu d'importance. Le Prince peut (et doit) aller contre la morale dans ses actions politiques toutes les fois que cela lui semble nécessaire ; de même, trahir sa propre parole est légitime si c'est un moyen de conserver le pouvoir. Mais publiquement, il devra toujours être capable de « donner le change » afin que son peuple ne se retourne pas contre lui.

Manifestement, depuis des années, nombreux sont les hommes politiques qui ont choisi Machiavel comme référence dans leur action publique.

Il n'en demeure pas moins qu'existent des tensions entre la morale et la politique. La faculté d'user de la force met en permanence le pouvoir public en demeure de faire des choix que la morale devrait guider. La question de la violence légitime est au cœur de ces tensions. Elle a été au cœur de l'actualité avec le drame de Sivens et les échauffourées régulières à Notre-Dame-des-Landes. Elle se pose encore chaque fois que les forces de l'ordre sont confrontées à la violence urbaine. Comment réagir ? Faut-il répondre à la violence par la violence ?

La légitimité de l'emploi de la violence, selon le fameux adage « la fin justifie les moyens », pose la question du non-respect de règles morales au nom de l'intérêt supérieur de la nation.

Certains seraient enclins à excuser tous les comportements voire des décisions contraires à l'éthique élémentaire, au nom de l'efficacité politique. Une telle posture permettrait de justifier n'importe quel abus. La morale permet de poser des limites qui sont communément admises à l'aune du bon sens et de la mesure.

Or, depuis quelques années, l'action politique malmène la morale élémentaire, faute de sens de la mesure. Cela nous ramène aux vieux démons évoqués il y a vingt siècles par Sophocle. C'est l'*hubris*, la démesure, dont les mécanismes sont parfaitement décrits dans *Antigone*. Notre société, à bien des égards, est frappée par cette démesure, dans l'action politique et dans les comportements individuels.

*

14 juillet 2010, Toulouse

Après les cérémonies de la fête nationale, j'ai un bref échange avec le préfet de la région Midi-Pyrénées que je côtoie depuis deux années. Avec beaucoup de pudeur, celui-ci me fait part de la rencontre du corps préfectoral, accompagné des épouses, avec le chef de l'État (Nicolas Sarkozy, à l'époque) à l'Élysée le 8 juillet précédent. La manière particulièrement rude dont ils ont été traités a provoqué un réel malaise. Le président de la République n'a pas été tendre et a créé une cassure qui s'annonçait depuis de nombreux mois.

Quelques jours plus tard, lors du Conseil des ministres, le préfet de l'Isère est remplacé de manière brutale. Cette tension n'est pas une découverte. Elle existe entre les membres du corps préfectoral et les ministres ou les responsables politiques de tous bords.

Au milieu des années 2000 est née la très fâcheuse habitude d'imposer des résultats chiffrés aux responsables départementaux de la gendarmerie et de la police. Outre l'aspect contre-productif de cette mesure, auquel peu de ministres de l'Intérieur ont échappé depuis lors, ces objectifs chiffrés étaient assortis d'une convocation chaque mois à Paris devant le ministre pour expliquer le niveau des résultats obtenus. Les cinq départements les moins performants en apparence étaient passés au crible avec leur préfet. Cet exercice était à la fois inutile et vexatoire.

Ce sont eux, les préfets, qui sont chargés au quotidien de traduire la politique de l'État et du gouvernement en actions concrètes. Les services déconcentrés de l'État, c'est-à-dire l'Administration dans les régions et les départements, agissent sous leur autorité. Les relations du personnel politique avec ces fonctionnaires sont d'une étonnante complexité. Les femmes et les hommes politiques proviennent en grande partie de la haute administration, ils mesurent bien la « capacité de nuisance » de ceux qui sont chargés de faire fonctionner les rouages. La défiance ne disparaît que lorsque ces fonctionnaires affichent leur sensibilité politique, soit par l'appartenance à un syndicat, soit par des gages donnés aux tenants du pouvoir

Mais un certain nombre d'entre eux n'appartiennent à aucune chapelle et ne sont motivés que par le sens du service public. C'est pour eux que les choses peuvent devenir compliquées. Aujourd'hui, compte tenu de l'ultrapolitisation de l'État, il est difficilement concevable, dans l'esprit de la plupart des gouvernants et des élus en général, que les hauts fonctionnaires puissent réellement faire preuve de loyauté en dehors d'un engagement politique clair. Cela génère de l'incompréhension et parfois une certaine distance interprétée comme du mépris pour ces fonctionnaires dont l'objectif est de faire honnêtement leur travail. Ce fut tout particulièrement le cas des membres du corps préfectoral sérieusement malmenés à la fin de la précédente décennie, alors que la majorité d'entre eux sont de grands serviteurs de l'État. Il est vrai que, depuis quelques années, une frange grandissante des élus nationaux manifeste une certaine condescendance vis-à-vis des « exécutants ». Ceux-ci sont les rouages indispensables de l'Administration. La plupart d'entre eux n'aspirent qu'à « servir ». Encore faut-il qu'ils reçoivent des directives cohérentes, que les projets soient construits, les objectifs stables et les moyens disponibles pour les mettre en œuvre. Bien souvent, cela n'est pas le cas.

C'est dans ce contexte qu'il convient de situer les difficiles relations entre les politiques et les responsables militaires. Un thème de réflexion occulté depuis de nombreuses années. Cette question n'est pas négligeable, elle concerne l'équilibre entre ceux qui détiennent le pouvoir légitime et ceux à qui la société délègue la responsabilité de défendre la nation. Ces relations ont été définies et conceptualisées par Georges Dumézil, académicien et professeur au Collège de France, longtemps titulaire de la chaire des civilisations indo-européennes.

Il divise l'ordre social en trois fonctions : la fonction du sacré et de la souveraineté, la fonction guerrière et la fonction de production et de reproduction. Il décrit « trois domaines harmonieusement ajustés qui sont, en ordre décroissant de dignité, la souveraineté avec ses aspects magiques et juridiques et une sorte d'expression maximale du sacré ; la force physique et la vaillance dont la manifestation est la guerre victorieuse ; la fécondité et la prospérité avec toutes sortes de conditions et de conséquences ».

L'harmonie d'une société repose sur l'équilibre entre ces trois fonctions et ceux qui les représentent. Cette conception communément admise ne nourrit pas forcément la réflexion de nos élites. La place des uns par rapport aux autres souffre d'un manque de clarté.

Dans notre pays, la relation entre le secteur politique et l'armée repose sur la théorie de Clauzewitz selon laquelle « la guerre est la continuation de la politique par d'autres moyens ». Sans remonter aux temps immémoriaux, en examinant le début du siècle dernier, nous constatons que la part prise par les militaires dans la vie politique n'a aucune commune mesure avec ce que notre pays connaît aujourd'hui. La période du milieu du XXe siècle éclaire également cette réalité. L'issue politique de l'après-guerre et la reconstruction de notre pays ont été inspirées par un militaire : le général de Gaulle, dont la haute silhouette domine encore une grande partie de la vie politique actuelle.

La grandeur de la France et sa place dans le concert des nations sont incontestablement dues à cet homme politique visionnaire qui a mis au service du pays les vertus militaires dont il était pétri. Certes, quelques épisodes, en particulier la guerre d'Algérie, mettent sérieusement en question l'idée de contribution des militaires au processus démocratique. La résolution de cette guerre éclaire parfaitement le hiatus entre l'homme politique qu'était devenu Charles de Gaulle et ces militaires se référant à des valeurs qu'ils estimaient essentielles à l'existence même de l'armée.

La sacralisation de certaines notions, en particulier celle de l'honneur, peut parfois mener à des excès. L'action contestable de ces généraux l'illustre parfaitement. Le putsch d'Alger a fondé, il y a cinquante ans, la nouvelle relation entre le pouvoir politique et les militaires, mais elle s'est tissée dans un contexte particulier, celui d'un chef de l'État issu des armées. Le général de Gaulle avait une autorité et une vision en matière de stratégie militaire dont aucun autre président n'a jamais pu se prévaloir.

Depuis lors, le pouvoir politique n'a eu de cesse de mettre les forces armées en coupe réglée alors même qu'elles devenaient l'instrument de la politique étrangère de la France.

Les interventions de l'armée française en Europe balkanique, notamment en Bosnie, au Kosovo, en Macédoine, puis au Moyen-Orient, en Afghanistan, en Afrique (Côte-d'Ivoire, Mali, zone Sahel) et, depuis plus de quarante ans, au Liban, exigent de nos militaires des trois armées et de la gendarmerie professionnalisme, disponibilité et sens du sacrifice. Malheureusement, tout cela n'a aucun effet sur les choix politiques en matière de construction budgétaire. Plusieurs livres blancs n'ont pas eu raison de cette fâcheuse tendance à considérer le budget des armées comme la variable d'ajustement lorsqu'il faut opérer des contractions financières au niveau de l'État. Et les effectifs militaires sont toujours perçus comme le réservoir dans lequel peuvent s'opérer à bon compte les réductions de personnels au sein de la fonction publique.

Ce contexte général pèse incontestablement sur les relations entre deux mondes : le politique et le militaire. Il a généré une crise de confiance, chacun étant convaincu de défendre l'intérêt général, voire les intérêts supérieurs de la France. En réalité, des conceptions radicalement opposées de l'intérêt général sont, de toute évidence, le ferment essentiel de ce conflit apparemment irréductible

En théorie, le désir de servir le pays et le sens de l'intérêt général devraient rapprocher militaires et politiques.

Or pour les militaires, la notion d'intérêt général s'articule autour de la défense de la patrie qui va jusqu'au sacrifice de la vie. Elle comporte une dimension sacrée, celle de la mission à accomplir au nom de la collectivité nationale. Le commandement dans l'armée implique d'affronter la mort, avec le devoir absolu de protéger la vie des subordonnés. Ainsi, tout ce qui vise à la diminution des moyens permettant d'assurer la pérennité de notre défense nationale est considéré comme une atteinte à l'intérêt général.

Pour les politiques et ceux qui les entourent, les choses sont bien plus nuancées et les accommodements assez fréquents. L'intérêt général est un concept à géométrie variable, fonction du contexte ou du moment.

Il existe donc un réel décalage. Il provient des valeurs différentes pratiquées dans les deux corps, de l'ignorance totale de la culture militaire affichée par les cadres politico-administratifs et de l'éloignement des cadres de la défense à l'égard de la sphère politique. Il est dû aussi à la disparition du service national. Bien qu'imparfait, le service militaire permettait aux futurs cadres de la nation de s'immerger, pendant quelques mois, dans un milieu éloigné de celui où ils évolueraient au cours de leur vie professionnelle.

La place des militaires dans la société est un sujet de fond qui n'a jamais été traité depuis le « verrouillage » du général de Gaulle, après l'épisode des généraux algérois. De nouvelles dispositions viennent récemment de permettre aux militaires en activité de s'impliquer dans les élections locales, ce qui est bien le moins qu'on puisse faire.

Avec les militaires comme avec d'autres catégories socioprofessionnelles, l'imagerie populaire joue à fond. Dans notre pays, chacun a tendance à étiqueter facilement. En fonction du métier, des origines géographiques ou sociales, on range aisément dans des boîtes.

C'est notamment le cas des cadres officiers et sous-officiers. Pour le commun des mortels, ceux-ci ont le même profil. Tout cela n'est plus d'actualité. Naturellement, on trouvera toujours quelques militaires qui correspondent aux images d'Épinal. Mais on oublie que les militaires de tous grades sont issus de toutes les couches de la société. À ce titre, ils sont représentatifs de la population française dans sa diversité. La seule différence, c'est qu'ils sont porteurs de valeurs qui leur ont été inculquées en école de formation : discipline, loyauté, goût de l'effort et sens du sacrifice. Ils ont par ailleurs les cheveux courts… Et, comme il s'agit pour la plupart d'entre eux d'une population énergique de moins de trente ans, ils manifestent souvent la fougue de la jeunesse. Pour autant, ces jeunes, avec leurs excès, quels que soient leur origine, leur couleur de peau et leur passé, se mettent au service de la France et se préparent à des sacrifices pour défendre leur pays, au péril de leur vie.

Servir au Mali, au Niger ou en Afghanistan dans des conditions climatiques extrêmes, avec un confort rudimentaire et en risquant sa vie face à des terroristes mérite respect et considération. Ceux qui les commandent ont également droit à quelques égards. Ils sont des serviteurs de l'État au moins aussi méritants que certains membres de la fonction publique qui n'ont jamais franchi les limites du périphérique parisien.

La fierté d'avoir des armées dignes de ce nom, fortement engagées dans des actions significatives à l'étranger, ne devrait pas se limiter au spectacle des défilés du 14 Juillet. Pourtant, en dehors des moments chauds où nos militaires de tous grades perdent la vie en opérations, quelle attention prête-t-on à notre outil de défense ?

Certes, ces considérations ne sont pas au cœur des préoccupations quotidiennes des Français. Mais peut-on oublier que l'action des forces déployées en dehors de nos frontières protège notre sol national contre les visées d'organisations terroristes de plus en plus menaçantes ?

Il faut remarquer que nos intellectuels prennent rarement la parole pour évoquer l'action positive de l'armée. On les entend plutôt s'exprimer dans la plus pure tradition d'un antimilitarisme primaire bien français. Ce débat sur la place des militaires dans notre société et sur leur expression publique a été régulièrement balayé d'un revers de la main depuis le début des années 1960. Comment une société aboutie comme la nôtre peut-elle se priver de la contribution de militaires d'expérience en termes d'intelligence et de valeurs dans le débat public ? Il y a quelques semaines les responsables de la gestion des futurs généraux dans les armées et la gendarmerie ne rappelaient-ils pas à leur auditoire de quinquagénaires l'impérieuse nécessité du devoir de réserve, y compris en retraite ? Je trouve le propos à la fois déplacé et consternant et il me semble urgent de sortir de cette vision anachronique.

La situation des préfets, des ambassadeurs et des magistrats n'est pas tout à fait comparable. Mais, d'une manière générale, la conception du statut des hauts fonctionnaires en France relève d'une vision passéiste. Pourtant, leur engagement au service du pays mérite davantage de considération que les jugements à l'emporte-pièce. Ces postures relèvent de l'idéologie, de la méconnaissance ou du manque élémentaire de curiosité, trop éloignés des valeurs qui devraient contribuer à la cohésion de notre société.

11

La pensée dominante et la liberté d'expression

Décembre 2009, Toulouse

En décembre 2009, à Toulouse, naît un débat sur la vidéo-protection. Rappelons que l'on désigne sous ce vocable « tout système de caméras et de transmission d'images, disposé dans un espace public ou privé pour le surveiller à distance ». Les professionnels de la sécurité sont les seuls à être exclus de ce grand débat public.

Naturellement, tous les poncifs concernant ce dispositif liberticide et inutile sont développés et défendus par les tenants d'une idéologie plus proche du dogme que du pragmatisme, peu concernés par les aspirations de nos concitoyens à la tranquillité. Je me rapproche donc de la presse locale et je donne mon sentiment en qualité de patron des gendarmes des huit départements de Midi-Pyrénées.

En deux mots, la vidéo-protection n'est ni une panacée ni la solution miracle, mais c'est un moyen parmi d'autres dont on peut tirer des bénéfices en termes de sécurité pour peu que le besoin soit réel et les conditions d'emploi conformes à la loi.

Une demi-page dans *La Dépêche du Midi* où je réponds à quelques questions sur le sujet ont suffi à provoquer la colère des élus locaux et de ceux évidemment défavorables à l'installation de caméras.

Les retours sur cet épisode furent d'abord de me contester le droit de m'exprimer sur le sujet (de quoi il se mêle ?). Et ensuite de suspecter une manœuvre politique. J'ai continué sereinement à défendre l'ouverture et le pragmatisme pour le traitement d'un sujet aussi grave que la sécurité des vies et des biens des citoyens. Finalement, cette attitude a permis de rouvrir le débat qui avait été initialement bloqué. Une fois de plus, je me suis interrogé sur la capacité des gens dits compétents à s'impliquer dans un échange serein sur un sujet qui touche les Français quasiment dans leur intimité.

Mon audition à l'Assemblée nationale est une autre illustration des effets néfastes que peut avoir l'interférence de l'affectivité et des intérêts particuliers dans un débat à portée collective. Une part importante de la vie et de l'action publiques repose pourtant sur la parole et l'échange des idées. Ils sont et demeurent des éléments fondamentaux de la liberté d'expression. On considère généralement que la parole en France est libre et pourtant…

Dans un pays qui prône la liberté d'expression, nous avons du mal à trouver un équilibre avec la défense des libertés individuelles qui confine parfois à la paranoïa. Finalement, il n'est pas certain, après mûre réflexion, que l'expression vraiment libre dans le débat public soit une réalité tangible. Les moyens de communication modernes, en particulier la Toile, peuvent donner une impression de liberté, mais celle-ci est parfois trompeuse.

Ce constat sur les conditions du débat et de l'expression publique conduit à évoquer la sorte de consensus intellectuel qui existe dans notre pays et que j'ai baptisé la « pensée dominante ». Qui, justement, est l'une des raisons de la pauvreté du débat public.

Souvent, dans le langage courant, la notion de « politiquement correct » est encore évoquée. À la réflexion, cette notion est déjà supplantée depuis quelques années par celle de « pensée dominante ». Il ne s'agit pas en l'occurrence de pensée politique qui varierait en fonction du changement de majorité. La pensée dominante transcende les clivages politiques et enferme le débat public dans des standards dont il est quasiment impossible de se défaire. À titre d'illustration, dans la vie de notre pays, et depuis de nombreuses années, certains sujets n'ont pas droit de cité dans le débat public. Il est difficile voire risqué de les évoquer ou d'en débattre ouvertement sans être taxé d'extrémisme ou soupçonné de déviance. Ces sujets sont protégés par une chape de plomb et provoquent des réactions excessives de tous bords, surtout de la part de ceux qui n'en ont qu'une connaissance toute virtuelle : la politique de réglementation des entrées sur notre territoire, les questions relatives à la nationalité française, à la religion, au dévoiement de notre système de solidarité et de protection sociale, ainsi qu'à la délinquance et à son traitement par notre système judiciaire.

Un exemple illustre les effets concrets de cette pensée dominante qui finalement s'impose à tous : le ministre du Travail, François Rebsamen, parfaitement dans son rôle, dans une logique que 90 % des Français approuvent, annonce à l'automne 2014 qu'il faudrait instituer un contrôle des chômeurs. Cette annonce provoque un tollé. Des réactions institutionnelles, associatives, fusent immédiatement, de nombreuses voix s'élèvent pour critiquer cette intolérable idée liberticide et contraire aux droits de l'homme. Certains semblent même souhaiter la démission du ministre. Bien sûr, celui-ci se voit contraint de revenir en arrière.

En l'espèce, l'idée n'est pas incongrue, mais son application doit faire l'objet de toutes les attentions et de beaucoup de discernement pour permettre de mettre fin aux abus, sans faire des chômeurs des boucs émissaires.

Toucher aux droits des chômeurs, voici un sacrilège, voici un thème soumis à la « censure » bien-pensante, alors qu'un débat sain et ouvert est nécessaire pour le remettre à sa juste place. Il se trouve toujours des personnes physiques ou morales, voire des intellectuels donneurs de leçons, quelle que soit leur orientation, qui ne ratent aucune occasion de faire taire ceux qui, en toute bonne foi, souhaitent évoquer les difficultés de la société pour trouver des solutions au malaise de millions de Français. Tout cela est incompréhensible dans un pays comme le nôtre, une démocratie dans laquelle le débat public doit être libre, les échanges d'idées ouverts.

La réalité s'impose et les faits sont têtus. Il est capital de faire preuve de pragmatisme face aux difficultés sans se laisser détourner par des questions idéologiques. Or, cela fait au moins trente ans que l'idéologie (de quelque bord que ce soit) règne sur la vie publique. Il suffit d'observer – quelle que soit l'époque – les consignes de vote de l'opposition à l'Assemblée nationale : des textes intelligents, qui satisfont le plus grand nombre, sont rejetés au nom d'un jeu politicien absolument anachronique et contraire au bon sens.

Pour combattre la pensée dominante et ses effets néfastes, encore faut-il en comprendre les causes et les mécanismes. Il s'agit d'un long processus de sédimentation qui prend sa source dans la tradition philosophique et l'inconscient collectif de notre pays. Les principes qui fondent et guident notre démocratie sont incontestablement les meilleurs qu'une société ait jamais pu produire, mais ils ont été assimilés, transformés, triturés de telle manière qu'ils finissent par devenir un frein au bien-vivre et au mieux-vivre.

Ceux qui instrumentalisent les principes des droits de l'homme et les libertés individuelles portent une lourde responsabilité. Ils en font un outil réducteur alors qu'il s'agit d'un formidable levier. Il faut observer une prudente distance à l'égard de ceux qui, à tout bout de champ, ressortent les droits de l'homme ou dénoncent des comportements liberticides pour justifier leur refus du débat. Il s'agit d'hommes ou des femmes, de personnages publics, d'intellectuels divers, d'associations réputées et très écoutées qui ont contribué, au fil du temps, à l'élaboration de la pensée dominante, sans même se douter des conséquences paralysantes qu'elle pourrait avoir au sein de notre démocratie.

L'essentiel de cette pensée dominante provient du microcosme parisien qui n'a de la société française qu'une vue partielle et bien souvent virtuelle. Il s'agit pour l'essentiel de prises de position publiques, de commentaires sur les événements, de contestations sur des projets ou propositions de loi, une pensée prémâchée, fondée sur des bons sentiments et une vision manichéenne du monde.

Un exemple suffit pour caractériser cette manière de faire : la réaction des sectateurs de la pensée unique à propos du principe de « la France terre d'accueil ». Les manipulations culpabilisantes des associations qui mènent des combats idéalistes et irréalistes aboutissent trop souvent au spectacle pitoyable d'actions décalées, en contradiction avec le réalisme le plus élémentaire. Malheureusement, ces sujets épineux sont abordés sur une base affective et compassionnelle, alors qu'ils devraient être traités avec justice et pragmatisme.

Le traitement social de certaines situations humaines déchirantes ne se discute pas. Mais la stratégie à suivre pour apporter une réponse efficace à ces questions ne peut pas reposer sur une approche passionnelle, d'autant que la médiatisation aggrave une perception biaisée de ces thèmes par l'opinion publique. Le résultat est un sentiment de culpabilité collective qui paralyse toute réaction rationnelle.

Les sentiments altruistes, que chacun peut légitimement éprouver, ne doivent pas faire obstacle à une prise en compte objective de problèmes importants comme l'accueil des réfugiés ou l'intégration des immigrés. Sauf à vouloir laisser la situation se dégrader de manière irrémédiable et ainsi ouvrir le champ aux positions radicales et extrémistes, le réalisme doit s'imposer. Notre pays n'a pas vocation à accepter – sans y avoir réfléchi posément – des flux migratoires incontrôlés. L'incapacité de l'État à régler ces problèmes en laissant des associations ou des groupes de tous bords s'emparer de ces thèmes est dangereuse. Elle conduit inévitablement aux excès de tous acabits. C'est le triste constat de la situation à Calais.

Laisser le flou s'installer sur de tels enjeux, sans prendre clairement position, y compris contre la pensée dominante, expose la population à un risque de radicalisation. C'est ainsi que naissent et s'entretiennent les malentendus qui rongent la conscience de beaucoup de Français. Pour s'en libérer, ceux-ci finissent par se tourner vers des positions extrêmes.

Et un carcan intellectuel s'installe qui formate et contraint le débat public.

Tels sont les effets délétères de la pensée dominante.

Les partis politiques et les syndicats portent évidemment leur part de responsabilité. Le jeu malsain des oppositions, uniquement basées sur des principes idéologiques, participe à l'édification de cette nébuleuse normative. Les belles théories intellectuelles sont rarement en phase avec les difficultés quotidiennes de millions de Français. Les effets de la pensée dominante sont devenus difficilement acceptables pour celles et ceux qui essaient de garder un regard lucide sur leur société.

Jusqu'à ce jour, la pensée dominante s'est assez généralement imposée, provoquant invariablement une certaine résignation. Ceux qui essaient de s'en extraire en adoptant des positions moins conformes se font rappeler à l'ordre. Ainsi Alain Finkielkraut à l'occasion de son ouvrage *L'Identité malheureuse*[1] dont les propos ont été immédiatement réduits aux idées de l'Action française de Charles Maurras. C'est dire…

En France, le fonctionnement de la démocratie est aujourd'hui influencé par des idées toutes faites, déconnectées de la réalité. Les grands principes philosophiques de générosité, d'accueil et de tolérance qui fondent notre société ne sont évidemment pas négociables. Cependant, ils ont des

1. Stock, 2013.

limites. Franchir ce seuil d'acceptation peut fragiliser tout l'édifice. Nous sommes aujourd'hui rendus à ce point qui pourrait devenir celui de la rupture.

La pensée dominante nous a conduits collectivement, par touches successives, à accepter des petits renoncements qui font passer de la tolérance à la permissivité, de l'aide à l'assistanat, de l'autorité au consensus « mou ». Elle contribue, au quotidien, à étouffer les idées et le débat public. Il est temps de stopper ce lent processus de dégradation. La question est de savoir comment, car le terreau de notre pacte social se trouve bien fragilisé.

Un sujet encore, celui de la liberté d'expression. Certes, n'importe qui peut publier ponctuellement, sur Internet ou ailleurs, son commentaire sur telle situation ou tel article paru dans la presse numérique, mais cela constitue une expression limitée, immédiate et éphémère. Cette expression, simple et basique, qui relève de l'approbation ou de la désapprobation est nécessaire. Elle est manifestement libre dans notre pays et parfois incontrôlée. Il suffit de consulter les réactions des lecteurs sur certains sites de médias ou d'informations pour s'en faire une idée. Les commentaires en direct sur Twitter en sont une illustration. Mais ces réactions réputées publiques, car accessibles librement, restent limitées et sans retentissement compte tenu de leur spontanéité et du peu de réflexion qui les accompagne.

Un certain nombre de blogs, de sites d'expression ou d'information permettent à des groupes ou des courants de pensée de s'exprimer Leur nombre important limite leur audience et l'atomise. La contribution de ces supports modernes au débat d'idées apparaît finalement extrêmement modeste car l'essentiel de l'opinion se concentre sur les médias classiques de la presse écrite et audiovisuelle.

Finalement, le débat public et la confrontation des idées existent-ils en France ?

Si cette question était posée dans un sondage d'opinion, en particulier vers les tranches d'âge les plus jeunes, les résultats surprendraient sûrement. Vous qui lisez ces lignes, avez-vous l'impression de pouvoir peser sur les grands thèmes de société ? Pensez-vous que vous participez à la réflexion sur des sujets comme le réseau éducatif, le système social et ses dérives, la politique pénale, les sujets éthiques ?

Les possibilités d'expression individuelle offertes à chaque citoyen, en dehors de son devoir civique lors des scrutins, apparaissent totalement illusoires. Pourtant, la liberté d'expression est définie comme un droit fondamental.

Il règne une certaine confusion dans notre vie publique a propos de la notion d'expression. Rien ne peut s'organiser correctement s'il n'y a pas un minimum de clarté sur le contenu et la signification des mots.

L'ensemble des droits et des libertés individuels comprend, entre autres, la liberté d'expression. Le droit de s'exprimer librement est garanti par la Constitution, tout comme la liberté de conscience ou de circulation. Cela donne théoriquement à chacun la capacité de s'exprimer sur tout sujet. L'expression publique s'inscrit donc dans cette logique de droits constitutionnels. La tradition de notre démocratie exige qu'elle s'exerce dans le respect de certaines règles issues du bien-vivre ensemble (politesse, courtoisie et mesure), de la déontologie (limites qui s'imposent lorsqu'on exerce certaines professions) et de la Loi (normes civiles et pénales). À ces réserves près, l'expression doit pouvoir s'exercer très librement afin de contribuer au débat public.

Est-ce le cas aujourd'hui dans notre pays ?

À la réflexion, cela ne semble pas totalement acquis. Au-delà des apparences et de la façade, le débat public est quasiment confisqué. C'est l'un des motifs qui conduit les Français à se désintéresser, non pas de la politique, mais de la vie publique. Cette confiscation est faite par la classe politique et par des courants intellectuels qui jouent en permanence de manière très subtile d'une sorte de monopole ou de « censure » qui ne laissent de place à aucune autre forme d'expression.

En effet, la mécanique est ainsi construite que toute analyse publique ou publiée doit s'inscrire dans un cadre préétabli sous peine de ne pas exister. Concrètement, cela signifie que l'accès aux médias, sauf cas très exceptionnels, est réservé à l'usage exclusif des entités notoires : les partis politiques, les syndicats, les ONG et autres associations, les personnalités reconnues dans tel ou tel domaine. Aux opinions qui ne rentrent pas dans ce cadre bien défini, il ne reste plus que des supports très confidentiels ou la rue. Les manifestations constituent de plus en plus le seul exutoire de certaines sensibilités, y compris les plus extrémistes qui viennent brouiller le message. Les événements récents (« La Manif pour Tous ») le prouvent. Beaucoup trop de manifestations pacifiques se terminent désormais avec des casseurs qui viennent régler leurs comptes avec cette société dans laquelle ils ne se reconnaissent pas.

Cela constitue un frein pour ceux qui veulent s'exprimer. Souvent, ils craignent d'être politiquement « récupérés », ou bien que la lisibilité de leur action ne soit parasitée par un déchaînement de violence causé par des trublions.

En réalité, il y a une certaine confiscation du débat sur tous les sujets dont les enjeux sont importants. Le rôle des médias dans ce processus est décisif.

Deux cas de figure peuvent se présenter : soit la parole publique est traitée à la manière d'un fait divers et elle est dissoute immédiatement, soit elle fait l'objet d'une captation par les médias et provoque des réactions de lobbies (partis politiques, mouvements associatifs divers et experts autodésignés) qui viennent « rétablir la vérité », parfois d'ailleurs avec une certaine condescendance. Le résultat au final est identique, c'est-à-dire qu'il y a une appropriation du débat par un microcosme politico-institutionnel : des groupes de pression se mettent automatiquement en mode de défense de certains intérêts catégoriels, et la vraie vie, celle de 66 millions de Français, se trouve une fois de plus laissée pour compte.

En fait, il ne s'agit pas d'une stratégie délibérée ou de directives qui auraient pu être données par qui que ce soit. Il s'agit d'une pratique, d'un mode de fonctionnement qui s'est imposé avec le temps, une sorte d'équilibre tacite qui convient à la fois à ceux qui gouvernent les institutions et à ceux qui ont la responsabilité des médias. À cet égard, on peut, au passage, s'interroger sur la pertinence du mode de désignation des responsables des grands médias publics nationaux. Il semblerait que, dans ce domaine encore, nous pratiquions les mêmes méthodes que celles qui prévalent dans les pays auxquels la France donne des leçons de démocratie.

Dans le pays qui se prétend dépositaire des droits de l'homme et de la défense des libertés individuelles, il n'existe pas véritablement d'espace organisé où les citoyens puissent débattre des grands thèmes qui les concernent. Pourtant, la démocratie devrait pouvoir s'exprimer, en dehors des élections, dans le quotidien et le débat de la vie publique.

Pourquoi ne pas imaginer de créer de telles structures autour des parlementaires, dans leurs circonscriptions, avec des citoyens volontaires qui feraient remonter certaines idées et propositions concrètes ? Aujourd'hui, combien de parlementaires, une fois élus, organisent des débats ? Combien consultent leurs électeurs sur des sujets de fond ?

De telles consultations pourraient les inspirer quand ils seraient appelés à légiférer. Dans une véritable démocratie, ce genre de pratiques devrait être chose courante et régulière. Elles pourraient être au moins aussi productives que les commissions parlementaires qui passent des mois à produire des rapports, pas toujours partagés.

En termes de débat public, au moment où j'écris ces lignes, l'Assemblée nationale annonce que les citoyens vont pouvoir s'exprimer sur Internet à propos de projets de loi. C'est un premier pas, même s'il vient bien tard et ne suffira pas. La capacité de faire des commentaires sur un texte de loi ne remplace pas un échange entre les individus et un vrai débat. Ce début de réponse serait-il quand même un début de prise de conscience des parlementaires sur la nécessité d'associer enfin les citoyens à la réflexion et à la mise en place des dispositions législatives ?

On peut avoir légitimement l'impression, à l'observation de notre vie publique, que les hommes politiques se souviennent que les Français sont capables de réflexion uniquement lors des scrutins électoraux. Le reste du temps, le peuple de France n'a pas voix au chapitre et doit se contenter d'attendre la prochaine échéance électorale. Au total, la liberté d'expression se résume à un concept universel dont chacun pense pouvoir se prévaloir. Or cette liberté n'a de véritable existence que si cette possibilité, cette capacité, peut concrètement s'exercer, ce qui est loin d'être le cas.

De ce point de vue, l'exemple récent d'un intellectuel musulman est révélateur : à l'occasion des attentats des 7 et 8 janvier 2015, ayant rédigé un article d'une très belle tenue à propos des événements, il le propose à un grand quotidien en vue de sa publication. Cet article fait l'objet de tractations dans lesquelles le cabinet du ministre de l'Intérieur vient s'immiscer pour des raisons de visibilité. Finalement, après moult tergiversations, le quotidien accepte de publier le texte, à titre payant, pour un montant que la pudeur nous interdit de dévoiler.

Voilà la réalité de l'expression publique et de la capacité pour le citoyen lambda d'exercer sa liberté dans les médias français. Les lignes éditoriales et les intérêts qui ne portent pas de nom ont parfois raison de ce qui pourrait être la source du débat d'idées et d'un vrai débat public.

Mon intervention devant l'Assemblée nationale pose la question des conséquences personnelles pour ceux qui s'expriment librement.

Depuis, j'ai évoqué ce thème avec un certain nombre de responsables politiques de notre pays et leur gêne sur le sujet est évidente.

À l'été 2014, quelques heures après l'officialisation de mon changement de poste, au cours d'un long entretien téléphonique, le président de la commission sur l'insécurité me posait la question du lien de cause à effet entre mon départ forcé et l'audition. Il n'y avait pourtant aucun doute possible. Je lui ai clairement indiqué la responsabilité de la classe politique, et en particulier du législateur, sur la liberté de parole des responsables entendus par les parlementaires.

Combien de généraux de la gendarmerie, de toutes les armées et de hauts fonctionnaires sont venus me confier que, désormais, ils feraient tout pour éviter une audition, ou alors qu'ils la feraient dans des termes qui ne pourraient jamais les mettre en difficulté ?

Il n'y a donc pas de liberté de parole effective, y compris devant les élus de la nation, ce qui est à mon sens un déni de démocratie et un vrai danger. Cette situation est totalement imputable à la classe politique qui ne prend pas les dispositions qu'il faut pour permettre une liberté d'expression totale.

Un certain nombre de nos compatriotes, en particulier des journalistes, ont payé de leur vie, sur le territoire national et à l'étranger, leur combat pour la liberté d'expression. Or, dans notre vie publique, cette liberté-là n'est pas réellement assurée. C'est un des paradoxes de notre pays : il est bien plus confortable de s'installer dans la pensée dominante, de pratiquer la langue de bois, que de dire les choses telles qu'elles sont.

Ce temps de la vraie liberté d'expression, sans contrainte dictée par une pensée dominante omniprésente, n'est pas encore venu.

Je formule le vœu que les pages que vous venez de parcourir contribuent à cet élan vers la liberté dont personne ne semble mesurer aujourd'hui la profondeur

Conclusion

Ces quelques réflexions sont celles d'un citoyen soucieux de son pays et de ses compatriotes, inquiet de l'évolution de la vie politique et sociale depuis quelques dizaines d'années. Il se trouve par ailleurs que, ayant exercé des responsabilités au contact des décideurs, je bénéficie probablement des clés qui permettent de mieux comprendre les mécanismes et les ressorts qui nous ont collectivement conduits à la situation inconfortable qu'affronte notre pays aujourd'hui.

Cette chape de plomb, qualifiée dans mon propos de pensée dominante, existe bel et bien. Il faut la braver pour publier ces quelques chapitres. Et entendre déjà ceux qui diront : « Mais que fait ce militaire qui sort du devoir de réserve ? » Entendre ceux qui stigmatiseront mon comportement, au motif de la loyauté vis-à-vis du pouvoir politique. Or voici : ma loyauté va d'abord à mon pays et à ceux qui choisissent les valeurs de la République. Quels que soient les gouvernements d'aujourd'hui et de demain. C'est une contribution au débat public, sans aucun esprit partisan.

Je n'ai jamais fait de politique, mais j'entretiens des relations avec les femmes et les hommes engagés de tous bords. Comme beaucoup d'entre vous, j'essaie, en tant que citoyen, de garder une certaine lucidité et de participer au mouvement quand il le faut, s'il affirme haut que la tournure des choses n'est pas acceptable. Au quotidien, j'écoute et j'observe des compatriotes qui expriment leur désaccord, qui est aussi le mien, sur la façon dont se traitent les affaires du pays.

L'État n'adresse plus, depuis longtemps, de message clair en termes de priorité, d'autorité et de cohésion sociale. Les problèmes de la jeunesse, de la pauvreté et de la fraude, notamment, sont essentiels. Et malgré la clameur du discours politique, ils sont laissés en friche. Les plus douloureux de tous nos maux.

Ma détermination demeure entière, et j'use une fois de plus de la liberté de parole qui m'a toujours poussé à livrer une appréciation sincère à ceux auxquels j'étais subordonné et, ces dernières années, aux responsables des affaires publiques. Cette pratique salutaire devrait inspirer l'ensemble des responsables de l'État. Car la nation ne peut que bénéficier de l'apport de ceux qui se dévouent à son service.

Formulons un souhait au moment où vous tournez cette dernière page : que se produise un sursaut collectif permettant de sortir de cette logique mortifère qui conduit nos élites à prendre des décisions en fonction de critères qui ne sont pas ceux de l'intérêt général. Il est plus que temps de commencer à résister activement au cynisme et à l'hypocrisie qui prévalent depuis bien trop longtemps dans la gestion de la France.

Surtout, et enfin, ne sombrons pas dans l'extrémisme et l'exclusion. Notre pays vaut bien mieux que cela. Soyons vigilants mais lucides, avec des objectifs et un projet qui nous rassemblent quelles que soient notre origine, notre couleur de peau ou notre religion. Ce projet doit fédérer autour de principes simples mais affirmés qui nous permettent de vivre dans un pays apaisé et conscient de ses atouts, une France accueillante mais forte de ses valeurs, un État ferme qui ne transige pas sur les principes, une société harmonieuse où chacun est considéré pour ce qu'il est et ce qu'il fait, un pays où la responsabilité individuelle redevient la règle, dans lequel le pragmatisme prévaut sur toutes les constructions intellectuelles, une nation dans laquelle la vérité et la sincérité reviennent au centre de la vie publique. Une France debout et responsable.

Table

Imprimé en France par CPI
en avril 2016

pour le compte des Éditions Plon
12, Avenue d'Italie 75013 Paris

Composition réalisée par FACOMPO, LISIEUX

N° d'impression : 135047
Dépôt légal : mars 2016